춘향전

서울대클래식
춘향전

초판 1쇄 발행 2021년 6월 20일

지은이 정병설

펴낸곳 서울대학교출판문화원
주소 08826 서울 관악구 관악로 1
도서주문 02-889-4424, 02-880-7995
홈페이지 www.snupress.com
페이스북 @snupress1947
인스타그램 @snupress
이메일 snubook@snu.ac.kr
출판등록 제15-3호

ISBN 978-89-521-3031-0 04810
978-89-521-3030-3 (세트)

이 연구는 서울대학교 미래기초학문분야 기반조성사업으로 지원되는 연구비에 의하여 수행되었음.
This work was supported by the Seoul National University Research Grant in 2020.

서울대
클래식

춘향전

정병설 지음

서울대학교출판문화원

경판 30장본 『춘향전』 표지
(도쿄외국어대학 소장)

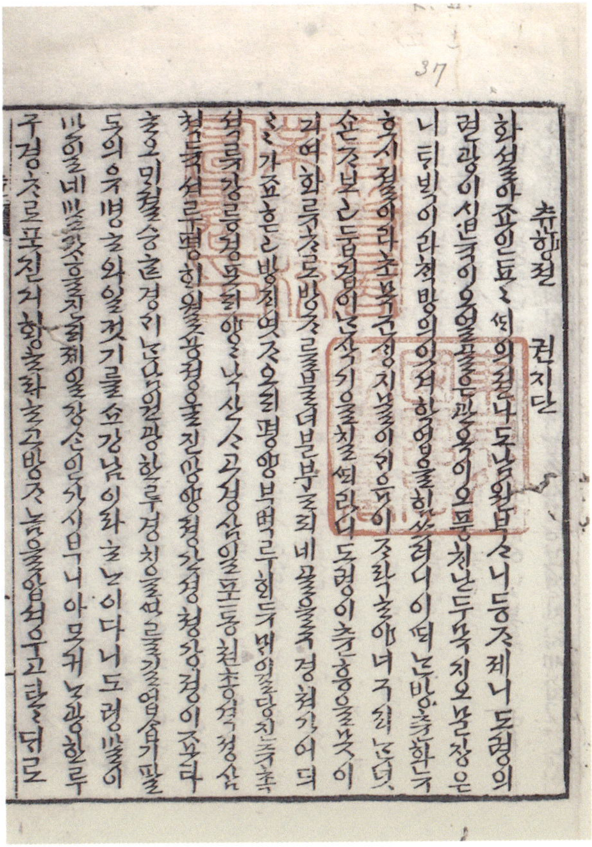

경판 30장본 『춘향전』 첫 면
(도쿄외국어대학 소장)

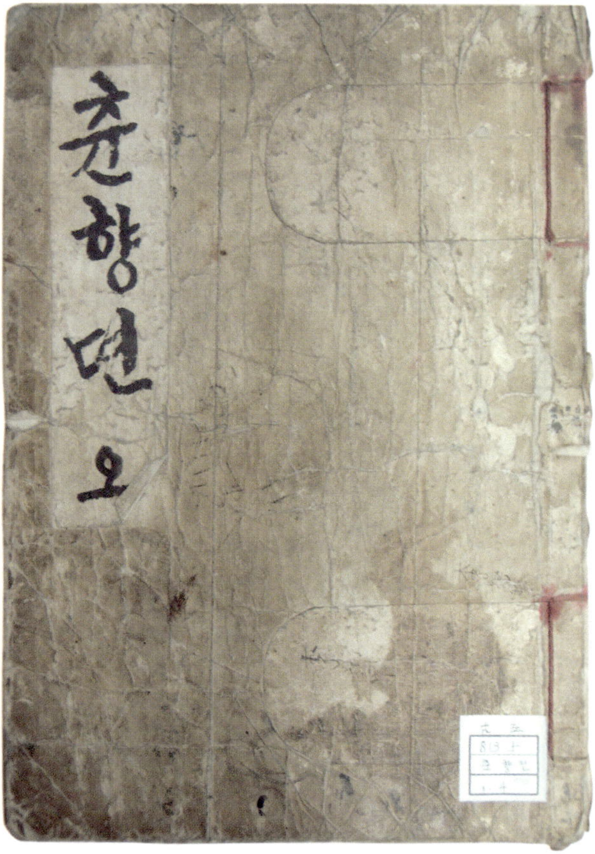

필사본『춘향전』권5 표지
(영남대학교 중앙도서관 소장)

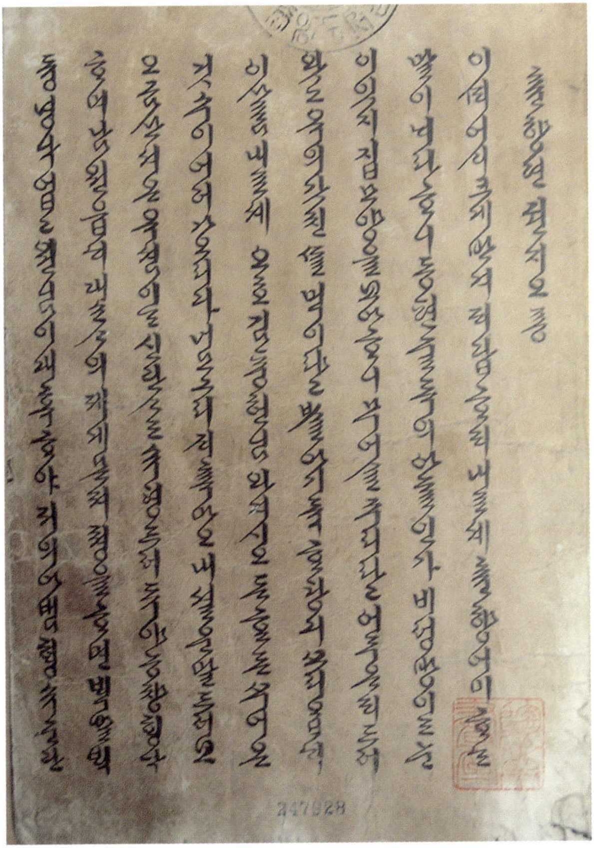

필사본 『춘향전』 권5 첫 면
(영남대학교 중앙도서관 소장)

〈춘향전도〉 1, 2
(경희대학교 중앙박물관 소장)

〈춘향전도〉 3, 4
(경희대학교 중앙박물관 소장)

〈춘향전도〉 5, 6
(경희대학교 중앙박물관 소장)

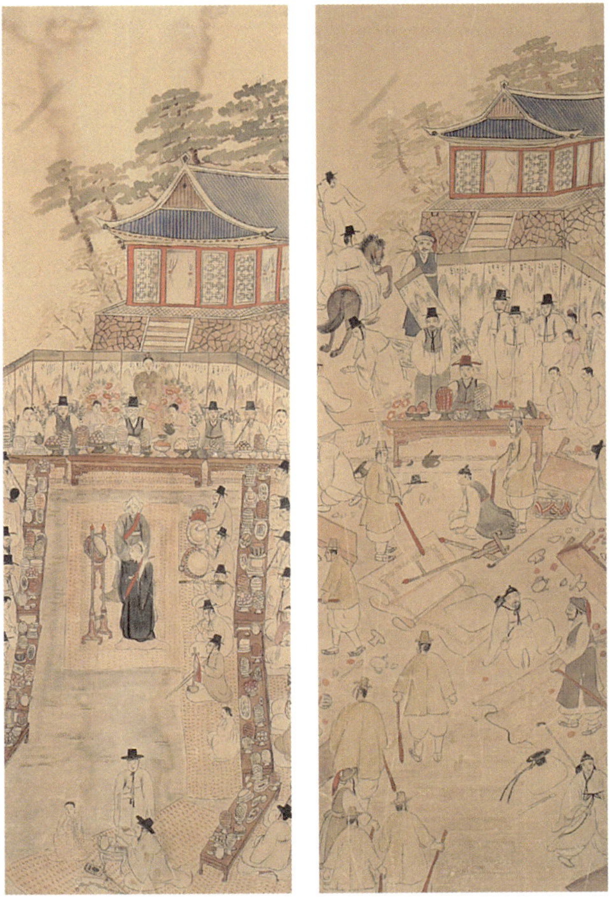

〈춘향전도〉 7, 8
(경희대학교 중앙박물관 소장)

〈춘향전도〉 9, 10
(경희대학교 중앙박물관 소장)

광한루

〈남원부지도〉
(서울대학교 규장각한국학연구원 소장)

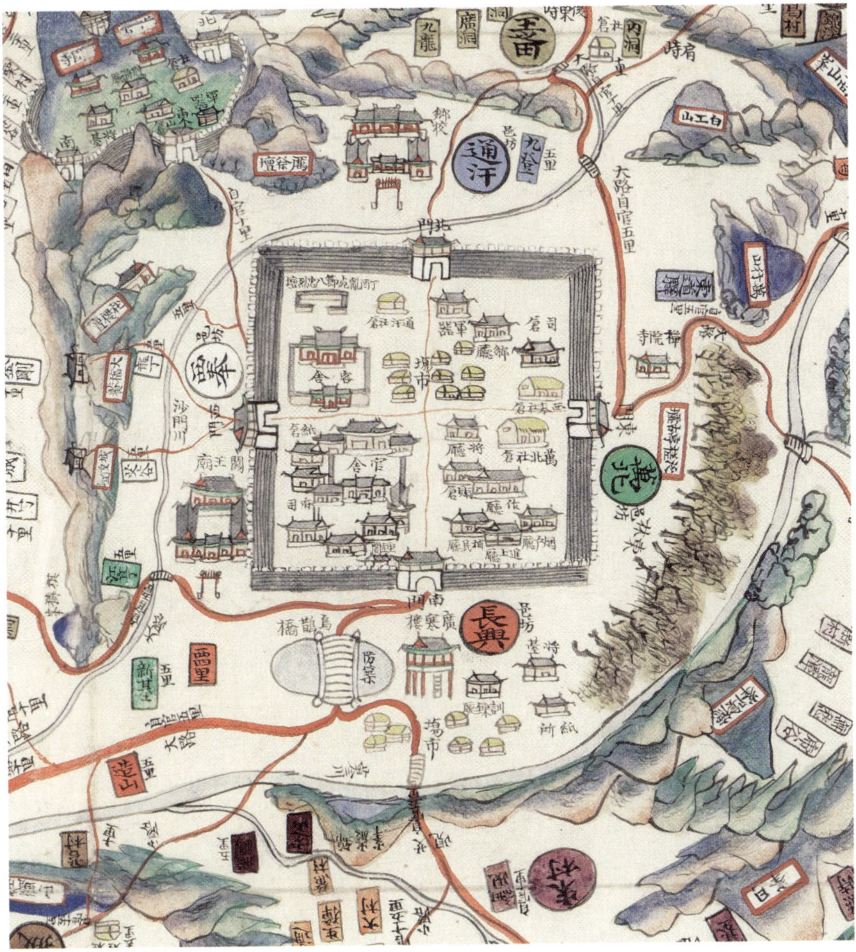

〈남원부지도〉 남원성 부분
(서울대학교 규장각한국학연구원 소장)

머리말

20세기 한국은 『춘향전』의 시대였다. 『춘향전』은 판소리로, 소설로, 또 영화로, 최고의 인기를 누렸으며, 여세를 몰아 누구도 부정할 수 없는 한국문학의 대표 고전이 되었다. 『춘향전』에 대해서는 무엇 하나 새로운 것을 덧붙이기 어려울 정도로 많은 연구가 이루어져, 서지와 선행 연구를 정리한 것만으로도 조희웅 선생께서 두꺼운 책 두 권을 출간했을 정도다. 여기에 새 책을 더한다는 것은 무모한 도전일 수 있다. 그러나 새로운 시대는 새로운 연구를 기다린다.

21세기 들어 『춘향전』은 완전히 다른 위상에 놓였다. 여전히 중고등학교 교실에서 가르치고 입시 문제에 나오며 창극, 뮤지컬, 오페라 또는 영화나 텔레비전 드라마로 재창작되고 있지만, 그전 세기에 누렸던 반응은 얻지 못하고 있다. 고전 자체에 대한 관심이 크게 줄었으며, 고전을 그저 전근대의 낡은 것으로 치부하는 사람이 늘어나서 그럴 것이다. 이제 문화계나 학계에서 춘향이 소환되는 곳은 통속적 애정물로서가 아니면 여성 차별, 성폭력 등 페미니즘적 주제와 연관되는 경우에 불과하다.

관심이 크게 식었다고 하지만 『춘향전』은 여전히 유효한 고전이다. 계속 재해석될 수 있고 또 재해석되어야 한다. 조선시대 민중이 읽은 『춘향전』과 양반이 읽은 『춘향전』이 다르고, 조선시대 여성이 읽은 『춘향전』과 남성이 읽은 『춘향전』이 다르다. 같은 작품이라도 독자에 따라 착목한 지점도 다르고 해석도 전혀 다르다. 연구자의 해석도, 그의 정치 이념이 진보적이냐 보수적이냐에 따라 동일한 텍스트로 전혀 상반된 의견을 낸다. 더욱이 『춘향전』은 하나의 정본이 있는 작품이 아니다. 개성이 강한 수백, 수천 개의 이본과 각편이 존재하니, 그 해석까지 치면 수만, 수십만, 수백만의 『춘향전』이 존재하는 셈이다.

20세기에 『춘향전』을 고전으로 본 것은 주제적으로는 도령과 기생, 귀족과 천민의 신분을 뛰어넘는 사랑과, 유혹과 박해에도 불구하고 사랑의 약속을 지켜 내려는 의지를 읽었기 때문이다. 그 사랑과 믿음의 서사는 하층인이지만 상층인에게 꺾이지 않고 당당히 같은 인간으로 대접받으려 하는 차별을 이겨 낸 평등의 사상, 나아가 신분제의 질곡을 넘어선 인간해방을 보여 주는 것이기에 가치를 인정받을 수 있었으며, 20세기 말 또는 21세기에 들어와서는 여성의 자기 결정권 등 페미니즘과 연결되어 더욱 주목을 받았다.

『춘향전』의 고전적 가치는 이런 주제적인 부분에만 있지 않다. 방자와 월매 외에 관상쟁이 등 보조적 인물들의 거침없고 당당하며 활기찬 모습은 때로 현대의 도덕적 기준에서 벗어나기도 하지만, 거짓과 위선을 벗어던진 인간의 본능과 욕망을 가감 없이 보여 준다. 여기에다 옷차림, 방치레, 상차림 등 각종 기물의 묘사와 당대 시정의 흥미로운 속담을 대거 채용한 표현은 판소리적 문체의 특징을 보여 주면서 한국문학의 표현 미학을 알게 한다.

나는 고전문학 연구에 발을 들여놓은 이후 늘 『춘향전』에 대해 생각해 왔다. 『춘향전』 연구는 일제강점기의 김태준, 조윤제, 이명선, 이병기 등에서 시작하여, 1960년대 가장 우뚝한 성취인 김동욱의 『춘향전 연구』를 비롯하여, 이상택, 조동일, 김병국, 정하영, 설성경, 김석배, 이윤석 등과 우리 시대의 젊은 학자들에 이르기까지, 학계의 보배라 할 수 있는 수많은 업적이 축적되어 있다. 무엇이 그토록 독자들을 매료시켰으며, 작품을 통해 배울 수 있는 것이 무엇인지, 어떻게 해석하고 교육해야 할지, 늘 출발점에 서서 질문을 던졌다. 그렇게 고민한 것 일부를 국내

외 학회에서 발표했고, 또 학부와 대학원 수업에서 거듭 다루면서 젊은 학생들의 시각을 포섭하고자 했다.

이 책에서 나는 『춘향전』을 세 가지 관점에서 읽고자 한다. 첫째, 어쩌면 당연한 말일 수 있겠지만 사상이나 역사로보다는 문학으로 읽고자 한다. 『춘향전』의 어떤 부분이 어떤 사상을 보여 주는지 또 어떤 역사를 반영하고 있는지 밝히기보다, 어떤 문학적 장르 관습이 지배하고 있는지 신화비평적 시각으로 먼저 읽고자 한다. 둘째, 문학이 놓인 자리를 역사적으로 읽고자 한다. 문학이 반영한 역사가 아니라 문학이 일군 역사를 찾아가는 신역사주의적 독법이다. 18세기 중반에 나온 『춘향전』 이본과 19세기 중반에 나온 『춘향전』 이본, 20세기 초반에 나온 『춘향전』 이본은 모두 다른 역사적 맥락에서 해석될 수 있으며, 서울에서 출판된 『춘향전』과 전주에서 출판된 『춘향전』은 각각 지역 배경에 맞추어 해석될 수 있다. 셋째, 열린 텍스트로 읽고자 한다. 『춘향전』의 의미를 어느 하나에 가두려 하지 않겠다는 말이다. 어떤 독서도 어떤 해석도 순수한 것은 없으니 해석자의 선입견과 이데올로기가 작동할 수밖에 없다. 해석의 옳고 그름을 따지기보다는 다양한 해석의 배경을 찾겠다는 것이다.

이 책은 독자들이 『춘향전』을 직접 맛볼 수 있도록 한 이본을 선택하여 완역했다. 선정된 이본은 경판 30장본으로, 19세기 중반 서울에서 출판된 것이다. 수백 편이 넘는 『춘향전』 이본 가운데 이것을 고른 이유는 『춘향전』의 원 표현을 제대로 보여 줄 수 있는 한글본 중 제작 시기가 가장 오래된 축에 속할 뿐만 아니라 조선 후기에 가장 많은 책이 유통된 이본이기 때문이다. 가히 전근대 『춘향전』을 대표하는 이본이라고 말할 수 있다. 현대인이 단 하나의 『춘향전』을 읽어야 한다면 다른 어떤 것보다 이것이 좋다고 생각한다. 현재 시중에는 『춘향전』 이본으로 『열녀춘향수절가』나 『남원고사』가 널리 읽히고 있으나, 21세기 현대인들이 굳이 길고 복잡하고 어려운 이들 이본을 고수할 이유는 없다. 이 작은 경판 30장본으로도 충분히 『춘향전』의 맛을 느낄 수 있다.

『춘향전』 연구를 처음 집대성한 김동욱 선생은 소설은 물론 시가, 고문서학, 복식사 등 국학의 여러 분야에서 중요한 업적을 낸 분인데, 평소 학생들에게 한국 고전문학을 공부하려면 『한중록』과 『춘향전』은 꼭 읽어야 한다고 당부했다고 한다. 『한중록』은 상층 궁중을, 『춘향전』은 하층 민간을 배경으로 삼고 있으니 둘을 아우르면 조선 사회 전체를 볼 수 있게 된다. 더욱이 두 작품은 흥미로울 뿐만 아니라 당대의 풍부한 정보와 어휘를 지니고 있다.

나는 이 작은 책이 21세기를 사는 현대인에게 유익하면서도 흥미로운 독서물이 되기를 기대한다. '춘향전 읽기'까지 끝낸 분들에게는 전자책으로 간행한 별책의 원문도 읽어 볼 것을 권한다. 『춘향전』은 판소리로 불린 소리 예술이기도 하니 독서하며 원문의 음률까지 느끼기를 바란다. 그런 다음 판소리 〈춘향가〉의 여러 대목을 직접 들어 보면 필시 판소리의 매력에 빠질 것이다.

2021. 6
정병설 쓰다

차례

해설

『춘향전』의 인기와 위상

『춘향전』의 시대

『춘향전』은 19, 20세기 한국인들이 가장 많이 듣고 읽고 본 작품이다. 판소리로 듣고 소설로 읽고 영화로 보았다. 이 책에서는 '춘향전'이라고 통일하여 부르지만 판소리로는 '춘향가'라고 부르는 것이 일반적이다. 20세기 이전 『춘향전』의 인기는 남아서 전하는 여러 책을 통하여 짐작할 수 있다. 전근대의 『춘향전』은 붓으로 베껴서 전하는 필사본 소설 외에 목판에 새겨 찍은 목판본도 많은데, 필사본 중에는 돈을 받고 소설책을 빌려주는 세책집에서 유통된 것도 적지 않다. 원래 이야기로 또 판소리로 유통된 작품이니 한글본이 원본이겠지만 이것을 한문으로 번역한 책도 드물지 않다. 한문본까지 적지 않은 것으로 보아 『춘향전』은 상하층 모두에서 두루 유통된 작품이었음을 알 수 있다. 『춘향전』은 또한 20세기 이전에 이미 일본

어, 영어, 프랑스어, 독일어로 번역될 정도로 외국에서도 일찍부터 주목받았다.[1]

『춘향전』의 인기는 20세기로 넘어오면서 더욱 높아져, 소설과 판소리는 물론 새로운 매체인 창극, 음반, 영화, 라디오, 텔레비전을 통해 널리 향유되었다. 먼저 소설 쪽부터 보면, 『개벽』 1924년 6월 1일 기사에 "경성의 각 책방을 기웃기웃 더듬어 보라. 보이는 것이 무엇인가를 살펴보라. 10판 이상은 『춘향전』, 「평양수심가」 그따위 것이요, 많이 팔리는 것은 『사랑의 불꽃』이니 『최후의 사랑』이니 그따위 고린내 나는 마취물뿐이다."라고 했고, 이로부터 십 년 후 『삼천리』 1935년 6월호 「옥편과 춘향전 제일」에서는 그해 서적도매상조합의 조사에서 『춘향전』이 연간 7만 권, 『심청전』이 6만 권, 『홍길동전』이 4만 5천 권 팔렸다고 했다. 또 1939년 『삼천리』 「좌담 - 문예 '대진홍 시대' 전망」에 실린 증언에 의하면, 1927년에 『춘향전』, 『조웅전』 등이 한 번에 1만여 부씩 인쇄되었으며, 1930년대 중반까지 1년에 40만 부씩 판매되었다고 했다. 한 해에 40만 부는 놀라운 수치인데, 20세기 이후 백여 년 동안 한국은 물론 세계의 출판 시장이 수십, 수백 배 성장했을 것을 생각하면 믿기 어려울 정도다. 당시는 한반도 전체 인구가 2천만을 약간 넘던 시절이니 40만 부씩 몇 년 동

『춘향전』 프랑스어 번역본 내지
(1892, 파리)

〈춘향전 전집(제육편) 피에 젓는 십장가 上〉
(시에론레코드, 1934, 국립국악원 소장)

안 팔렸다는 것은 전 국민이 모두 읽었다는 말과 다르지 않다.

20세기 이후 판소리는 명창대회 등 직접적인 공연 외에 유성기 음반이나 라디오 등 새로운 매체를 이용하며 더욱 널리 향유되었다. 음반은 1907년 처음 미국 기술에 의해 제작·발매되었는데, 이때 『춘향전』에 나오는 〈사랑가〉와 〈옥중가〉 등이 녹음되었고, 이후 〈고대소설극 춘향전〉(일축레코드, 1926), 〈창극 춘향전〉(콜롬비아레코드, 1934), 〈춘향전 전집〉(시에론레코드, 1934), 〈춘향전 전편〉(빅타레코드, 1937),

〈창극 춘향전〉(오케레코드, 1937) 등의 정통적 〈춘향전〉 음반 외에, 〈영화극 춘향전〉(콜럼비아레코드, 1930), 〈극춘향전〉(콜럼비아레코드, 1931), 〈모던 춘향전〉(시에론레코드, 1933), 〈요절 춘향전〉(오케레코드, 1934), 〈유선형 춘향전〉(리갈, 1940), 〈가요극 춘향전〉(오케레코드, 1942)처럼 개작 형식의 〈춘향전〉 음반이 발매되기도 했다.[2]

판소리는 전파를 통해 송출되기도 했다. 1927년 2월 경성방송국(JODK)이 설립되어 라디오 방송이 시작된 초기에는 일본어 방송이 중심이어서 판소리가 끼어들 틈이 적었으나, 1933년 4월 제2방송이 개시되어 종전 하루 한 시간 반 남짓이던 한국어 방송이 여섯 시간 정도로 늘어나고 방송 출력을 높여 전국적인 방송이 이루어지면서 판소리의 비중이 크게 높아졌다.[3] 이 시기에 가장 인기 있는 프로그램은 음악이었고, 음악 중에서도 판소리를 중심으로 한 조선 성악이었다.[4] 이런 현실을 채만식의 『태평천하』(1938)가 잘 그리고 있다. 구두쇠인 주인공 윤직원은 판소리 공연장에 가고 싶으나 늘 돈이 아까워 뒷문으로 몰래 들어간다. 그러던 차에 자그마한 상자에서 소리가 나오는 것을 보고 무척 좋아한다. 달마다 약간의 요금만 내면 라디오를 통해 거의 공짜로 판소리를 들을 수 있었던 것이다.

판소리는 20세기 이후 서양의 연극과 오페라를 만나

연극 혹은 창극으로도 만들어졌는데, 1914년에 처음 극단 문수성에 의해 〈신춘향곡〉이 무대에 올랐고, 이후 1925년부터 토월회, 조선성악연구회, 극예술연구회, 조선창극단 등에서 광복 전까지 백여 건의 〈춘향전〉을 제작하였다.[5] 이런 상황에서 영화 기술이 도입되자 바로 영화로 만들어졌다. 첫 한국영화는 1919년의 〈의리적 구토(義理的仇討, 의로운 복수)〉지만, 1923년에 〈춘향전〉이 제작되어 큰 성공을 거두자 비로소 한국에서 영화가 예술의 한 장르로 자리잡을 수 있었다. "조선 사람의 배우를 써서 순조선 각본으로 촬영한 최초의 영화"인 이 〈춘향전〉은 기대 이상의 흥행으로 큰 수익을 거두어 "흥행업자들은 일층 더 허욕을 내어 가지고 영화 제작을 꿈꾸게 되고 있었습니다."(『동아일보』, 1925. 11. 19)라고 말할 정도였다.

이후 『춘향전』은 20세기 한국의 영화사를 새로 써가는 핵심 콘텐츠였다. 1935년 최초의 발성영화로 제작되었고, 1955년 이규환 감독의 〈춘향전〉은 해방 공간의 혼란과 6·25전쟁의 열악한 상황을 넘어서 한국영화 부흥의 길을 열었으며, 1961년 신상옥 감독의 〈성춘향〉은 최초로 컬러 시네마스코프를 실험하며 대성공을 거두었다. 2000년 임권택 감독의 〈춘향뎐〉에 이르기까지 『춘향전』은 무려 열일곱 차례나 영화로 제작되었으니(북한을 포함하면 스무 차례 이상),

"모든 『춘향전』 영화들이 대중적인 성공을 얻었던 것은 아니지만, 한국영화사의 중요한 단계의 맨 앞에는 늘 『춘향전』이 있었다고 말할 수 있다."[6] 『춘향전』은 또 만화로 제작되기도 했는데, 일제강점기만 봐도 1932년 김규택의 〈만화 모던 춘향전〉과 1940년 이주홍의 〈이설(異說) 춘향전〉 등이 있었다.[7] 이처럼 『춘향전』은 20세기 한국인의 정서와 의식을 대표하는 서사 콘텐츠였다.

고전이 된 통속소설

『춘향전』은 20세기 중반부터 한국문학의 고전으로 인식되기 시작했다. 어느 나라 할 것 없이 정통문학이 아닌 통속문학이 고전의 반열에 오른 것은 근대 이후다. 민중의 의식과 사상을 담은 통속문학은 전근대에 인기는 높았으나 널리 권장되지는 않았다. 그러다가 근대 이후 민족주의가 강화하여 자국어와 자국 문화의 가치를 높이면서 고전으로 취급되기 시작했다.

『춘향전』은 다른 어떤 작품보다 먼저 고전문학으로 거론되었을 뿐만 아니라, 가장 주목받은 작품이었다. 일제강점기 양대 민간지라고 할 수 있는 『조선일보』와 『동아일보』에서 요즘 한국문학의 대표적인 고전으로 치는 『구운몽』, 『열하일기』, 『한중록』, 『홍길동전』 등을 검색하면, 아예 없거나 기껏해야 서너 개의 기사가 보일 뿐인데, '춘향'을 검색하면 백오십 건 내지 이백여 건의 기사가 나온다.[8] 기사 내용을 봐도 『홍길동전』 정도가 고전문학으로 거론될 뿐이며, 『구운몽』은 기껏 '제일 긴 소설'로 꼽히고, 『한중록』은 사도세자와 관련한 기사가 보이는 정도다. 이런 사정은 광복 후에도 마찬가지여서 다른 작품의 비중이 약간 더 늘어나긴 하지만, 『춘향전』은 여전히 다른 작품에 비해 다섯 배, 열 배 이상을 차지하는 압도적 지위에 있다.

『춘향전』이 고전문학으로 거론되기 시작한 것은 1920년대이며, 본격적인 첫 기사는 1935년 1월 1일 자 『조선일보』 「이조시대 민심, 정렬(貞烈) 보인 춘향전의 특질, 조선 고전문학의 금자탑이다」에서 확인된다. 이 기사와 발맞추어 경성제국대학 출신 신진학자들이 『춘향전』 관련 논문을 신문에 연재했다. 『동아일보』에서는 1935년 1월 1일부터 10일까지 김태준이 9회의 '특별 논문' 형식으로 「춘향전의 현대적 해석」을 게재했고, 1938년에는 이명선이 5회에 걸쳐 「춘향전과 이본 문제」라는 글을 연재했다. 또 같은 해 서두수는 『조선일보』에 14회에 걸쳐 「조선 고전문학 관견－특히 춘향전을 위요(圍繞)하여」라는 논문을 게재했다.

김태준은 『춘향전』의 문학사적 의의를 "가극으로서의 『춘향전』은 종래의 봉건적 형식을 전수(傳受)하여 집대성한 저수지를 이루어서 다음 시대의 중계적 역할을 한 것이었다. 『춘향전』은 갑오×× 이전 백여 년간의 시대의 거울이요, 그 시대가 낳은 문학적 보전(寶典)이다."라고 요약했고,[9] 이명선은 총 5회 중 두 회차에다 '염정소설론 시비'라는 부제를 붙여 『춘향전』을 '염정소설'로 볼 것인지 '계급해방소설'로 볼 것인지 하는 문제를 제기했는데, 이는 이후 되풀이된 『춘향전』을 바라보는 대립적 시각을 처음으로 표출한 것이다. 이 글에서는 기왕의 논문이나 영화들이 두 가지 관점으로 『춘향전』을 바라보았다고 하면서, 하나는 『춘향전』 전반부에 치중하여 이도령과 춘향의 풍류와 함께 춘향의 신관사또에 대한 저항을 통해 역으로 사랑의 열렬함을 보는 것이라 했고, 다른 하나는 후반부에 치중하여 신관사또의 착취와 탐학을 통하여 하층의 참상을 보여 주는 것이라고 했다. 전자는 『춘향전』을 염정소설이나 재자가인소설로 읽으려는 것이라 했고, 후자는 계급해방소설 또는 그것을 암시하는 민중의식을 고취하는 소설로 보려는 것이라고 했다. 또한 이런 대립된 해석이 시각의 문제일 뿐만 아니라 이본의 문제라고도 했는데, 이본에 따라 『춘향전』을 보는 초점이 다르다는 사실을 명확히 밝혀 『춘향전』이 어떤 단일한 주제를 지닌 동일한 작품이 아님을 분명히 했다.

당시 저명한 국학자나 문인 중에서 『춘향전』을 논급하지 않은 사람이 드물다고 말할 수 있는데, 조윤제는 『춘향전』의 이본 연구를 시도했고,[10] 조운과 이병기는 『춘향전』의 근원으로서 판소리에 주목했으며,[11] 권덕규, 송석하, 유치진 등은 근원설화와 개작 문제 등을 다루었다.[12]

『춘향전』의 고전화는 1935년 이전부터 서서히 진행되어 왔는데, 기본적으로는 근대 민족주의의 대두와 함께 민족문화의 가치를 높이고자 하는 의도와 연결된 것이다. 아울러 사회주의 사상에 따라 민중문예의 가치를 높이려 한 것과도 연관되어 있는데, 1928년 염상섭은 「소설과 민중; 조선과 문예」(『동아일보』, 1928. 5. 31)라는 글에서 『춘향전』을 『파멜라』와 비교하며 계급 평등적 시각에서 논했다.[13] 이는 종전에 『춘향전』을 저급한 통속문학으로 여겨 온 것과 차별되는 시각이다.

근대적 교육기관의 설립은 고전의 형성에 박차를 가하는 중요한 계기가 되었다. 1926년 경성제국대학에 조선어문학 전공이 개설되어 학생을 모집해 제도권에서 처음으로 한국문학을 가르치면서 『춘향전』이 서서히 고전의 반열에 올라 논의되기 시작했다. 경성제국대학의 조선어문학 담당 교수였던 다카하시 도루(高橋亨)는 한국문학 강좌를 개설했으나 무엇을 어떻게 가르칠지가 문제였다. 다카하시는 강의의 연습용 교재로 처음에는 『격몽요결』을 사용했고 다음에는 『구운몽』을 사용했다고 하는데, 이광수는 「조선문학의 개념」에서 이를 격렬히 비판했다. 『격몽요결』은 문학이 될 수 없으며 조선문학은 더더욱 될 수 없다고 했고, 『구운몽』은 문학은 될지언정 조선문학은 될 수 없다고 했다. 이광수는 한문으로 된 문학은 아무리 훌륭해도 중국문학이지 조선문학이 아니라면서 조선문학은 기생의 시조나 무당의 사설, 그리고 『춘향전』 같은 데서 찾아야 할 것이라고 했다.[14] 이런 분위기에서 다카하시의 연구와 강의에 자극을 받은 한국인 학생 김종무는 「내가 본 춘향전(我觀春香傳)」(1928)이라는 꽤 수준 높은 논문을 써서 한국에 『춘향전』이라는 걸작이 있음을 알리고자 했다.[15] 1933년 김태준의 『조선소설사』 초판본에서는 앞선 염상섭과 김종무의 논의를 받아들여 『춘향전』에 따로 한 장을 할애할 정도로 비중 있게 서술했다.

일제강점기 한국 고전에 대한 관심은 식민 지배에 대항하는 민족주의에 의해 고조된 부분도 있지만, 일정하게는 식민지 지배의 일환으로 촉발된 측면도 있음을 유의할 필요가 있다.[16] 1926년 조선총독부에서 교과서 개정 의견을 내자, 『동아일보』에서 '조선인 본위, 조선어 중심, 조선심 위주'의 교과서를 만들라는 사설을 발표했고, 총독부에서는 반발을 의식해서 '조선 중심의 교과서'를 만들겠다고 했다. 이런 기조에 따라 1933년 제4차 조선교육령기의 교과서로 『보통학교 조선어독본』과 『중등교과 조선어급(及) 한문 독본』을 간행했는데, 이들은 광복 직후 조선어학회가 주도하여 간행한 『초등국어교본』과 『중등국어교본』의 모태가 되었다.[17]

민족주의, 사회주의 등의 근대적 이념에 따라 종전에 하찮게 취급되던 문명 주변부의 통속문학이 고전의 지위에 오르고, 학교라는 제도를 통해 연구와 교육이 이루어졌다. 특히 광복 이후 한국어가 '국어'가 되고 한국문학이 '국문학'이 되는, 민족만들기가 교육의 핵심이 되는 상황에서 『춘향전』은 국어 교과서에 한 번도 빠지지 않고 실린 고전이었다. 한국문화에서 핵심적 지위를 차지한 공식 고전이 된 것이다.

『춘향전』을 둘러싼 오해들

『춘향전』은 하나인가?

한국인치고 『춘향전』을 모르는 사람은 없다. 초중등학교의 의무적 기본교육 과정에서 배우니 모를 수 없다. 모든 사람이 『춘향전』을 알고 있다고 생각하는 데 『춘향전』 이해의 첫 번째 함정이 있다. 『춘향전』은 단일 작품이 아니다. '춘향전'은 춘향이 등장하는 이야기의 모음이다. 판소리 〈춘향전〉이 있고, 소설 『춘향전』이 있으며, 영화 〈춘향전〉이 있고, 또 창극 〈춘향전〉이 있다. 영화 〈춘향전〉이 감독에 따라 다른 작품인 것처럼 소설은 이본에 따라 다르다. 흔히 춘향의 성을 성씨로 알고 있으나 김춘향(『남원고사』)도 있고 안춘향(경판 16장본)도 있다. 『춘향전』은 수백, 수천의 각편이 있는데 그중 하나만 보고 『춘향전』을 다 안다고 생각하는 것은 중국인 한 명을 만나 보고 중국인에 대해 다 안다고 말하는 것과 다르지 않다.

『춘향전』은 말하자면 구조주의 언어학에서 말하는 랑그(langue)다. 우리가 사과에 대해 말할 때 사람마다 떠올리는 것이 일정하지 않을 수 있다. 시대에 따라, 지역에 따라 떠올리는 사과의 형상이 다르다. 현대 한국인은 후지 사과를 떠올리는 사람이 많겠지만 불과 몇십 년 전에만 해도 국광, 홍옥 등이 흔한 품종이었다. 또 미국 사람이라면 작고 단단한 빨간색 '레드 딜리셔스(Red Delicious)'라는 품종을 먼저 떠올릴 것이다. 사과는 이 개별 개체, 즉 파롤(parole)을 아우르는 말이다. 이처럼 『춘향전』도 랑그로서의 '춘향전'이 있고 파롤로서의 '춘향전'이 있다. 랑그로서의 '춘향전'은 '춘향전 작품군', '춘향전군' 또는 '범춘향전', '대춘향전' 등으로 부를 수 있고 그렇게 불러 왔다. 나는 특별히 랑그로서의 '춘향전'을 가리킬 때 '대춘향전'으로 부르고자 한다.

사과를 사과라고 부를 때 각각의 사과에 개별적인 특징이 있음에도 불구하고 어떤 공통된 자질로 인해 한 이름으로 엮이듯이, 『춘향전』 또한 각편의 세부적 차이에도 불구하고 공통된 서사적 자질로 인해 하나로 묶인다. 대춘향전은 다음과 같은 공통적 서사구조를 가지고 있다.

1. 이도령과 춘향이 만나서 사랑을 나누다가 헤어진다.

2. 신관사또가 춘향에게 수청을 요구했으나 춘향이 거부하고 감옥에 갇힌다.
3. 암행어사가 된 이도령이 와서 춘향을 구해 준다.

대춘향전은 일반적으로 위의 서사적 요소를 모두 가진 작품들을 아우른다. 그러나 위의 요소 가운데 일부가 달라진다고 해서 대춘향전에서 제외시켜야 하는지는 논의가 필요하다. 예컨대 『춘향전』을 패러디한 현대소설이나 영화 등은 대춘향전의 서사 요소를 부분적으로 차용하면서도 그것을 비틀어 제작한 것이 적지 않다. 2010년 김대우 감독의 영화 〈방자전〉은 『춘향전』의 주요 인물을 등장시키되 각 인물의 성격을 완전히 비틀었고 이에 따라 춘향이 방자와도 관계를 맺는 등 서사가 크게 달라졌다. 패러디한 『춘향전』은 현대소설에 더욱 많이 보이는데, 안수길의 「이런 춘향」(1958)은 춘향과 이도령의 구도를 양공주 진주와 미군 페터슨으로 바꾸어 썼고, 최인훈의 「춘향뎐」(1967)은 서사적 틀은 유사하나 이도령 집안이 몰락한 것으로 그렸다. 그리고 임철우의 「옥중가」(1991)는 춘향어미의 춘향 열녀만들기로 이야기를 끌어간다. 이처럼 『춘향전』 계열의 서사물 중에는 전통적인 춘향 서사에서 크게 벗어난 것들이 있어서 이들도 대춘향전에 포함시킬 수 있을지 논의가 필요하다. 이런 작품들은 현재도 적지 않게 나오고 앞으로도 계속 나올 것이니 더 큰 관심이 필요하다고 하겠다. 이 책은 고전으로서의 『춘향전』에 초점을 맞추고자 하므로 전통적 의미의 『춘향전』만 대춘향전에 포함하여 논의를 진행하기로 한다. 물론 대춘향전 내에도 세부적으로는 적잖은 차이가 있음을 명심할 필요가 있다.

『춘향전』의 작품 성격상 특정한 작가가 있었을 것으로 보기는 어렵다. 설령 어떤 작가가 처음 『춘향전』을 창작했다고 하더라도 이미 대춘향전 속에서 작가의 존재는 희미해질 수밖에 없다. 원작이 존재했을 수도 있지만 후속작들이 원작의 기본 틀을 존중하지 않고 약간씩 다른 작품들을 만들어 내면서 결국 모두가 원작이 되는 일이 발생했다고 할 수 있는 것이다. 이런 현상은 설화 등 말에서 말로 전해지는 구비문학에서 흔히 볼 수 있다. 구비문학은 흔히 유동문학이라고도 하고 적층문학이라고도 하니, 이리 흘러가고 저리 흘러가며 이 사람에 의해 보태지고 저 사람에 의해 빠지면서 계속 새로운 작품이 나타나는 것이다.

따라서 『춘향전』은 '이것이 기준이다'라고 말할 수 있는 텍스트가 있지 않다. 『춘향전』은 언제 만들어진 이야기인지도 모르고 어떻게 만들어졌는지도 모른다. 언제부터인가 광대와 명창이 노래로 불렀다고 하며, 또 소설로 필사되고 책으로 간행되었다. 노래 부르고 책으로 베끼고 간행하는 모든 사람이 『춘향전』의 독자이면서 동시에 작가였다. 구비·적층문학으로서 『춘향전』의 성격을 이해하지 못하면 결코 『춘향전』을 올바로 이해할 수 없다. 『춘향전』 곧 대춘향전은 한두 사람 광대, 필사자, 출판인, 감독의 것이 아니라, 어쩌면 전 조선 백성, 전 한국 민중의 것이라고 말할 수 있다.

일반인은 물론 문학평론가 중에서도 자신이 읽은 한두 권의 『춘향전』만 생각하고 『춘향전』이 어떻다고 쉽게 재단하는 경우를 본다. 『춘향전』을 양반집 도령이 기생 춘향을 희롱하는 작품으로 여기고 쉽게 무시하기도 한다. 각편에 따라서는 그렇게 볼 수도 있고 그런 면이 상대적으로 강하게 드러난 것이 없지도 않다. 그러나 어떤 이본은 그런 요소보다 사랑을 통해 계급 간의 격차를 넘어서려는 의지, 또는 억눌린 민중의 해방에 대한 열망 등을 더욱 강하게 읽을 수 있다. 무엇보다 『춘향전』은 수많은 조선 민중에 의해 만들어진 것이며 아직도 만들어지고 있는 적층문학이라는 점에서, 『춘향전』을 쉽게 판단하여 던져 버리기보다는 이전 것의 어떤 부분을 이어서 새로운 것으로 만들어 갈지 고민할 필요가 있다.

20세기에 비해 약해지긴 했지만 현재도 춘향은 영화로, 연극으로, 뮤지컬로, 오페라로 만들어지고 있다. 『춘향전』은 계속 새롭게 만들어지는 것으로, 만일 완성된다면 그 순간 생명력을 잃을 영원한 미완성의 문학이다.

작가는 누구인가?

『춘향전』은 적층문학이니 작가가 있을 수 없다. 설령 작가가 있었다고 하더라도 잃어버린 지 오래이고 작가를 찾는다고 해도 작가가 창작한 각편이 어떤 것인지 알 수 없다. 사정이 이러니 작가가 없다고 말해도 무방하다. 그런데 『춘향전』이 고전으로 자리 잡아 가면서 작품에 관심이 높아질수록 작가에 대한 궁금증이 커져, 마침내 특정 작가를 내세우는 연구가 등장하게 되었다.

『춘향전』에 대한 특정 작가설은 연구 초기부터 남원의 양주익이 『춘몽연』이라는 작품을 썼다는 행록의 기록을 근거로 그를 작가로 주장하기도 했으나 『춘몽연』이 전하지 않아 확인할 길이 없다.[18] 근래에는 설성경에 의해 조경남 작가설이 본격적으로 제기되었는데, 이 역시 근거가 희박하다고 할 수 있으나, 설성경은 김동욱의 제자로

『춘향전』으로 박사학위를 받았고 연세대학교에 재직하면서 평생 여러 권의 『춘향전』 연구서와 번역·주석서를 출간한 『춘향전』에 관한 한 국내 최고 전문가라고 할 수 있으니, 그의 설을 쉽게 무시할 수는 없다. 설성경은 『춘향 예술의 역사적 연구』(연세대학교출판부, 2000)에서 처음 조경남 작가설을 제기했고, 『춘향전: 남원고사』(서울대학교출판문화원, 2016)에서는 '조경남 지음, 설성경 옮김'으로 작가를 아예 못박아 버렸다.

조경남이 대춘향전의 작가라면 구체적으로 어떤 『춘향전』의 작가인지 물어야 할 것이나 물론 이에 대해서는 답이 없고 '원춘향전'이라는 개념을 내세워 그 작가라고 말한다. 당연히 원춘향전은 현존하지 않으며 실제로 어떤 것인지 보여 주는 기록도 없다. 그렇다면 도대체 무엇을 근거로 조경남 작가설을 주장하는지 그의 책 『춘향전의 비밀』(서울대학교출판부, 2001)에 제시된 주장의 요약을 살펴보자.

> 첫째, 산서 조경남은 남원에서 70평생을 살았기에, 『춘향전』 핵심공간인 남원과 광한루에 얽힌 사건과 상징적 의미에 정통하였다.
>
> 둘째, 산서는 임병 양란 때의 국내외 역사를 『난중잡록』, 『속잡록』이란 57년간의 잡록체 일기로 남길 정도

의 엄청난 정보력을 갖추고 있었다.

셋째, 산서는 이도령의 모델인 계서 성이성의 스승이며, 암행어사가 된 그를 광한루에서 만나 함께 보냈고, 이부사의 모델인 부용당 성안의 부사와도 교류하였다.

넷째, 산서는 남원 기생 춘향의 비극적 사건과 그 사건으로 인하여 생긴 신원설화의 내력을 알고 있었다.

다섯째, 산서는 『춘향전』의 꽃인 「금준미주시」를 자신의 일기인 『속잡록』 속에 소개하였고, 그 내용은 『연려실기술』에 인용되었다.

여섯째, 『춘향전』의 구성이나 주제로 볼 때, 「금준미주시」는 원작가의 창의력과 강력한 비판의식이 아니고는 표현하기 어렵다. 또 이 시는 『춘향전』의 역사적 전개에서 변하지 않는 대표적인 구절이다.

일곱째, 산서는 성리학에 대한 해박한 지식과 상당한 문장력을 갖추고 있었다. 그는 학제에 뛰어난 인물로 평가받았고, 진사에 급제했다. 그는 다수의 한시문을 창작하였다.

여덟째, 산서는 순국한 의병장 조헌의 수제자이며, 그 자신도 임병 양란 때 적과 맞서 싸우며 왜병을 직접 격퇴한 무패의 의병장이었다.[19]

앞의 요약에서 알 수 있듯이, 조경남 자신은 물론이고 누구도 조경남이 『춘향전』을 지었다고 말하지 않았다. 그를 작가로 보는 근거는 남원 사람으로 이도령의 모델인 성이성 부자(父子)를 알고 있었으며, 그의 책에 『춘향전』 암행어사 출도 대목에 나오는 유명한 한시인 「금준미주시」와 비슷한 한시가 기록되어 있다는 것이다. 그 밖에 『춘향전』의 창작과 직접 관계될 만한 증거는 보이지 않는다.

성이성(成以性, 1595-1664)은 다음 절에서 자세히 언급되지만, 집안에 전하는 이야기 등에 『춘향전』의 이도령처럼 암행어사 출도를 외쳤다고 하여 이도령의 모델로 거론되는 인물이다. 조경남이 이도령의 설화적 모델로 거론되는 인물 중 한 명을 가르쳤다는 것이 작가설의 주요한 이유인 것이다. 또 「금준미주시」는 암행어사가 된 이도령이 신관사또가 주변의 군수와 현감을 불러 생일잔치를 열자 그 자리에 들어가 지었다는 것으로, 사또의 학정을 조롱하고 비판한 내용이다. 시는 다음과 같다.

> 금술잔의 맛난 술은 백성들의 피요
> 金樽美酒千人血(금준미주천인혈)
>
> 옥쟁반의 맛난 안주는 백성들의 살이라
> 玉盤佳肴萬姓膏(옥반가효만성고)

촛농 뚝뚝 떨어질 때 백성 눈물 떨어지고

燭漏落時民漏落(촉루낙시민루락)

노랫소리 높은 곳에 백성 원망 높도다

歌聲高處怨聲高(가성고처원성고)

백성들은 먹을 것이 없어서 굶어 죽는 일이 다반사인데, 관장은 가난한 백성에게서 수탈한 것으로 늦은 밤 촛농이 뚝뚝 떨어질 때까지 기생들과 어울려 음주가무의 술판을 벌이고 있으니, 그 원망을 어떻게 감당하겠느냐는 경고다. 위세 좋은 남원 부사 면전에서 초라한 행색의 이 도령이 엄중한 경고의 시를 보냈으니, 그가 비밀 사찰을 맡은 암행어사라는 것을 누구라도 모를 수 없다.

그런데 이 유명한 시와 비슷한 한시가 조경남의 일기체 기록인 『속잡록』에 나온다. 조경남은 1622년 2월 3일조의 기록에 명나라 장수가 서울에 와서 다음의 시를 지었다고 했다.[20]

맑은 내음의 좋은 술은 백성들의 피요

淸香旨酒千人血(청향지주천인혈)

얇게 저민 좋은 음식은 백성들의 살이라

細切珍羞萬姓膏(세절진수만성고)

촛농 뚝뚝 떨어질 때 백성 눈물 떨어지고

燭漏落時人漏落(촉루낙시인루락)

노랫소리 높은 곳에 백성 원망 높도다

歌聲高處怨聲高(가성고처원성고)

이 시는 「금준미주시」와 몇 글자 다르긴 하지만 기본 의미는 물론 시상이나 시어에 큰 차이가 없다. 『속잡록』은 이 시를 인용하며 주석을 달았는데, 광해군의 정치가 어지럽고 백성이 곤궁한 것을 뜻한다고 했다. '금준미주'로 시작하지는 않지만 '청향지주'는 금준미주와 다를 바 없는 말이니, 이것을 「금준미주시」의 원형이라고 볼 수도 있다. 다만 이 시가 조경남의 글에 인용되어 있다는 이유로 조경남을 『춘향전』의 작가로 간주하는 것은 지나친 비약이다. 더욱이 이 시에는 또 다른 원형까지 있다. 명나라 구준(邱濬)의 전기(傳奇) 작품인 『오륜전비(伍倫全備)』에 다음 시가 있는 것이다.

권세 좋은 여러 공자들 비단 도포를 입고

袞袞諸公被錦袍(곤곤제공피금포)

백성들의 어려움은 털끝만큼도 모르도다

不知民瘼半分毫(부지민막반분호)

거듭 붓는 좋은 술은 백성들의 피요
頻斟美酒千人血(빈짐미주천인혈)

얇게 저민 살진 양고기는 백성들의 살이라
細切肥羊百姓膏(세절비양백성고)

촛농 뚝뚝 떨어질 때 백성 눈물 떨어지고
燭漏落時人漏落(촉루낙시인루락)

노랫소리 높은 곳에 백성 원망 높도다
歡聲高處怨聲高(환성고처원성고)

관원이 되어 백성들 어려움 모르면
爲官若不知民苦(위관약부지민고)

조정의 작록은 헛되이 받은 것이라
虛受朝庭爵祿功(허수조정작록공)

「금준미주시」는 원래 칠언율시의 가운데 4구만 따서 칠언절구처럼 만든 것으로, 앞의 두 구와 뒤의 두 구가 대구를 이루는 것으로 보아 이미 칠언율시의 일부였음을 짐작할 수 있었는데, 1940년대 민영규가 조경남의 기록을 인용하면서 『오륜전비』에서 연원을 확인했다.[21] 『오륜전비』는 조선 중기 이후 사역원에서 중국어 학습 교재로 사용되었으니, 꽤 널리 읽힌 작품이라고 말할 수 있다. 그러니 이 작품에서 조경남 글에 실린 시가 나왔고, 또 「금준미주시」가 나왔을 것으로 추정할 수 있다.

조경남 작가설의 중요한 근거가 되는 성이성 근원설화설 역시 일찍부터 민영규는 물론 김동욱 등 1세대 연구자에 의해 알려진 것으로, 『춘향전』의 직접적 근원으로는 이미 배척을 받았다. 이처럼 선학들에 의해 인정받지 못한 논거와 논리를 새로운 발견인 것처럼 주장하는 것은 오랜 학계의 성취를 뒤로 돌리는 것과 다르지 않다. 김동욱은 『춘향전 연구』에서 『춘향전』이 어떤 개인의 창작물에서 비롯된 것이 아니라 광대들이 부르던 판소리에서 유래된 것임을 힘주어 강조했다. 개정판 서문에서 "애초에 양반에 의하여 집필된 것을 광대가 불렀다는 사십 년 전 초창기 이론을 벗어나지 못하는 논저가 아직 존재하는 한, 이 책은 정문의 일침으로 존재 가치를 상실하지 않을 것이다."라고 말했다. 최근에는 이윤석이 『춘향전』의 판소리기원설에 대해 의문을 제기하고 소설선행설을 주장하고 있으나, 설사 이 의견을 따른다고 해도 설성경의 논의처럼 소설의 작가를 찾을 수 있다는 것은 아니다. 굳이 적층문학인 원춘향전의 작가를 밝히라면 전근대 조선 백성 전체라고 말할 수 있을 것이다.

근원설화와 모델

『춘향전』이 누구에게서 비롯되었나 하는 작가 문제와 함께 어떤 이야기에서 비롯되었나 하는 근원설화의 문제는 연구 초기 학계의 주 관심 대상이었다. 『흥부전』이나 『심청전』 등 여타 판소리 작품은 이야기의 지역적 배경이 이본마다 상당히 다르게 나오지만, 『춘향전』은 예외 없이 남원으로 고정되어 있다. 그런 이유 때문에도 『춘향전』이 어떤 특정한 역사적 사건 또는 인물과 관계있지 않을까 하는 생각이 있었다. 이는 춘향과 이도령을 역사인물로 만들어 우상화하는 경향과도 연결되었다.

1931년 남원에서는 소설 주인공인 춘향을 역사 인물인 것처럼 만들어 그를 기리는 사당을 세웠다. 춘향의 열절을 기린다는 명분이었다. 그리고 1933년 단오절에는 성춘향기념제를 처음 열었다. 이본에 따라 다르게 나타나는 춘향의 성씨를 아예 『열녀춘향수절가』에 맞추어 성씨로 고정시켰다. 1939년에는 독지가의 지원으로 김은호 화백이 춘향의 영정을 그렸는데, 정절의 여인인 춘향의 기풍을 일본인들에게도 보여 주고자 춘향 사당을 개수하고 영정을 그렸다고 했다. 당시 일본 도쿄의 극단 '신협(新協)'이 장혁주의 대본을 바탕으로 〈춘향전〉을 연극 무대에 올려 일본에서 호평을 얻었을 뿐만 아니라 한반도에서도 순회 공연을 했는데,[22] 춘향에 대한 관심이 높아지자 우상화를 급속히 진행했던 것이다. 이해 남원에서 개최한 춘향제에는 무려 삼만 명이 참가했다고 한다(『삼천리』, 1939. 6. 1).

이런 춘향 숭모 바람은 계속 이어져 1960년대는 춘향 무덤을 만들었으며 또 아버지를 찾아내 선정비까지 세웠다. 1962년 남원에서 도로 공사 중에 '성옥녀지묘(成玉女之墓)'라는 지석(誌石)을 발견하자 이를 춘향의 무덤자리로 간주하고 '만고열녀성춘향지묘(萬古烈女成春香之墓)'라고 비석을 세우고 봉분을 씌웠다. 현재 지리산 구룡계곡 초입에 있는 이 무덤은 미천한 기생의 것이 아니라 마치 왕후의 무덤처럼 거창하다. 춘향을 성춘향으로 확정하면서 춘향의 아버지를 이도령 아버지의 모델로 거론된 남원 부사 성안의로 보고 광한루 경내 춘향 사당 앞에 성안의의 선정비까지 찾아서 세워 놓았다. 성안의는 이도령의 아버지이면서 춘향의 아버지이기도 한 웃을 수 없는 상황이 연출된 것이다.

『춘향전』에 어떤 구체적인 서사적 연원과 모델이 있으리라는 생각은 초기 자료에서부터 보이는데, 목태림이 1804년에 쓴 것으로 알려진 한문본 『춘향신설』에는 이도령의 가계(家系)에 대한 소개가 있다. 이도령을 실제 역사

성안의 선정비

춘향 무덤

인물로 만들려는 시도로 보이나 다른 기록으로는 확인되지 않는 내용이라서 그 말을 그대로 받아들일 수 없다. 또한 조재삼(1808-1866)의 『송남잡지』 「춘양타영(春陽打詠)」이라는 항목에는 『춘향전』의 근원설화로 다음 이야기를 소개하고 있다.[23] 남원 부사의 아들 이도령이 동기(童妓) 춘양을 좋아했는데, 나중에 춘양은 이도령을 위해 수절했고, 신관사또 탁종립이 춘양을 죽이니 호사자가 이를 슬퍼하여 그 이야기를 타령으로 만들어 춘양의 원한을 풀어 주고 절개를 표창했다는 것이다. 여인의 원한을 풀어 준다는 이야기는 남원 지역에서 전해 온다는 박색녀 설화와 연결된다. 이 설화는 남원에 사는 박색의 처녀가 어떤 남자와 관계를 맺었는데 후에 버림받아 한을 품고 죽었고, 이후 남원에 여러 해 흉년이 들었는데 그의 원혼을 달래기 위해 박색의 춘향을 미인으로 바꾸어 굿을 올렸다는 것이다.[24] 『송남잡지』에서는 탁종립이라는 구체적인 인명까지 거론하며 실제 사건에서 유래했음을 말하고 있으나 이 역시 확인되지 않는 내용이다.

위와 같은 신원설화와 함께 『춘향전』의 서사적 근원으로 가장 많이 언급되는 것이 암행어사설화다. 암행어사설화는 신원설화만큼 『춘향전』의 핵심 서사라고 말할 수는 없지만, 서사적 근원을 찾을 때 기생이나 여성에 관해서는 특정 인물이 거명되기 어렵지만 명문가의 명사나 될 수 있는 암행어사는 특정인이 나올 수 있기에, 『춘향전』의 근원 또는 모델로 자주 거론된다. 박문수, 노진, 김우항, 이시발, 김의원[25] 외에 앞의 작가 문제에서 나온 성이성 역시 그중 하나다. 여기서는 성섭(成涉, 1718-1788)의 『필원산어』에 실린 성이성의 이야기를 들어 보자.[26]

나의 고조가 전라도 암행어사가 되었을 때 몰래 다니다 한 곳에 도착하니 전라도 열두 고을 수령이 큰 잔치를 벌이고 있었다. 술잔과 그릇이 여기저기 흩어져 있고, 기악을 잡혀 구경하는 사람들이 담처럼 둘러쌌다.

해가 중천에 오자 암행어사가 거지꼴을 하고는 음식을 청했다. 수령들은 취해서 잠시 자리를 내주고 대충 음식을 차려 놓았다. 수령들이 말했다.

"손님이 시를 지을 수 있으면 하루 종일 잔치 자리에 끼여 술 마시고 배불리 음식을 먹겠지만, 그렇지 못하면 얼른 돌아가는 게 좋을 것이오."

암행어사가 운을 청하자 기름 고와 높을 고 자를 불렀다. 바로 종이 한 장을 청하여 시를 썼다. (인용자: 시 생략, 「금준미주시」와 거의 동일) 쓰기를 마치고 바로 내보였다. 여러 수령들이 돌려 보고 의아해할 때, 서리가 "암행어사 출도요."라고 외치며 바로 들이닥쳤다. 수령들이 일시에 모두 흩어졌다. 그날 파출된 자가 6명이고 나머지 6명은 서계에 이름이 들어갔다. 수령들은 모두 권세가의 자제였지만 조금도 돌아보지 않았으니, 전라도 사람들이 칭찬하며 미담으로 여긴다.

위의 이야기는 『춘향전』의 암행어사 출도 대목과 흡사하다. 성이성은 과연 십 대 초반에 남원 부사를 맡은 아버지 성안의를 따라 남원에서 산 적이 있고, 또 과거에 급제한 후 비록 마흔이 훌쩍 넘은 나이이긴 하지만 암행어사로 남원에 온 일도 있다. 조정이 인정한 청백리이기도 했다. 그러니 성이성이 이도령의 모델이 될 수도 있다. 그러나 성이성이 이도령의 모델이라고 해도 유일한 모델이라고 말할 수는 없고 설사 유일하다고 해도 그것이 바로 『춘향전』의 근원이 될 수는 없다. 『춘향전』이 만들어지려면 이도령만이 아니라 이도령과 사랑한 춘향, 또 신관사또에게 저항한 춘향이 더 필요하기 때문이다. 더욱이 성이성 이야기가 먼저인지 『춘향전』 이야기가 먼저 나왔는지 밝힐 수도 없다.

유동문학이자 적층문학인 『춘향전』에서 특정한 작가를 밝히는 것이 불가능하듯이, 명확한 서사적 연원을 찾는 것도 불가능함을 인정해야 한다. 구체적인 연원을 밝히지 못한다면 근원설화를 찾는 일은 차라리 『춘향전』이 당대의 어떤 이야기들과 연관되어 있는지 밝히는 것이 되어야 한다. 『춘향전』이 놓여 있는 서사적 지형도를 만드는 일이다. 이를 통해 『춘향전』은 좀 더 정확히 해석될 수 있을 것이다. 이런 측면에서 보면 『춘향전』의 근원설화로 『삼국사기』에 실린 도미처의 이야기와 같은 이른바 관탈민녀형(官奪民女型) 설화를 드는 것은 중요한 의미가 있다. 『춘향전』은 신관사또가 춘향을 힘으로 굴복시키려고 한다는 점에서 권력자가 민간의 여인을 힘으로 빼앗는 이야기인 관탈민녀형 설화와 상통한다고 할 수 있는데, 이런 유형의 이야기는 『춘향전』이 활발히 전승되던 조선 후기에도 심심치 않게 유통되었다.

홍직필의 「기생 경춘 이야기(妓瓊春傳)」[27]는 지부(知府) 이만회의 사랑을 받은 영월 기생 경춘이 지부가 떠난 뒤 절개를 지키고 사는데 지부의 객(客)이 경춘을 좋아하여 굴복시키려 하자 한사코 저항하다가 절벽에서 몸을 던져 자결했다는 내용을 가지고 있다. 이는 1772년의 일로, 작가는 1820년 영월 낙화암 곁에 있는 '월기경춘순절지처(越妓瓊春殉節之處)'라는 비석을 보고 감회에 젖어 전을 남겼다. 작가는 경춘과 함께 절개를 지킨 봉래월이라는 기생도 소개하는데, 이런 것들이 『춘향전』과 어떻게 관계되는지는 알 수 없지만 당대에 춘향 이야기와 유사한 사건들이 있었음을 알 수 있다. 『춘향전』의 문제의식에 공감할 현실이 널리 퍼져 있었던 것이다.

앞에서 언급한 연관 설화들은 모두 『춘향전』의 핵심 화소와 관계된다. 춘향처럼 양반 남성을 사랑한 기생, 관장의 수청 요구에 저항한 여성, 이도령처럼 기생을 사랑하여 결혼한 양반이나 암행어사, 부정한 사또를 징계한 암행어사 등인데, 이들 핵심 화소를 온전히 갖춘 연관 설화는 없다. 그러니 어떤 것이 『춘향전』의 근원설화라고 명확히 특정하기는 어려우며, 『춘향전』은 앞선 여러 서사와 모델을 기반으로 소설적으로 재구성된 작품임을 알 수 있다.

사정이 이런데도 한두 가지 기록과 연구 성과를 바탕으로 춘향을 역사 인물로 만들려는 시도는 끊임없이 되풀이되고 있다. 소설을 구체적인 역사 인물 또는 현장과 연결시키는 작업은 세계 도처에서 이루어지고 있으며 관광업과 연결되어 더욱 활발히 일어나고 있다. 햄릿의 성을 복원하고 줄리엣의 집을 만들며 춘향의 사당을 만든다. 굳이 그것들이 잘못이라고 지적하고 싶지는 않다. 다만 그것이 유일한 진실인 것처럼 강조한다면 이는 단호히 반대하지 않을 수 없다. 이야기는 그저 이야기이며 소설은 또한 그저 소설일 뿐이다.

주제와 배경

『춘향전』의 주제적 지향

주제론은 『춘향전』을 둘러싸고 벌인 학문적 논쟁 중 가장 중심에 있다. 이는 『춘향전』을 바라보는 시각의 문제이면서 동시에 『춘향전』에 대한 평가와 관계된다. 주제에 대한 논란은 연구 초기부터 있었는데, 『춘향전』에 대한 최초의 본격적인 논문이라고 할 수 있는 김태준의 「춘향전의 현대적 해석」(1935)에서는 "『춘향전』도 종래는 유가의 권징적(勸懲的) 의미에서 기녀에게까지라도 정렬을 고취하려던 상투적 염정소설이, 이제 와서는 양반을 능멸하며 매도하는 연극이 되었다."라고 했다. 과거에는 『춘향전』의 주제를 춘향의 열(烈) 또는 사랑에서 찾았지만 지금은 지배층에 대한 민중의 저항에서 찾게 되었다는 말이다. 또한 같은 시기 이명선은 유사한 관점에서 『춘향전』을 염정소설로 볼 것인지 계급해방소설로 볼 것인지 묻기도 했다.

주제를 둘러싼 시각의 차이는 이후 연구에서도 동일한 양상으로 거듭 나타났는데, 정하영은 그 논란을 부정적 견해와 긍정적 견해로 나누고, 긍정적 견해를 다시 일원적 주제론과 다원적 주제론으로 나누어 정리했다.[28] 『춘향전』을 계급 해방 또는 인간 해방의 소설로 보아 고전으로 높이려는 초기 연구의 긍정적 시각에 반발하며 『춘향전』의 가치를 부정적으로 바라본 연구의 대표로 김우종의 「향거 없는 성춘향」(1957)을 들 수 있는데, "몽룡과 춘향은 모두 기존 사회제도와 가치관을 아무런 비판도 없이 답습한 것이며, 오히려 그것의 완강한 수호자였다고 할 것이다."라고 했다. 이도령 또한 신관사또와 다르지 않은 '폭군의 성격'을 가지고 있었지만 춘향이 순응하는 바람에 그것이 드러나지 않았을 뿐이라고 하면서,[29] 하층 계급에 대한 이도령의 억압적 태도와 권력에 순응하는 춘향의 모습을 통해 『춘향전』을 기성 체제에 대한 비판이나 항거가 없는 작품으로 읽었다. 체제 비판이 없다고 본다면 『춘향전』은 유교 이념을 고취하는 상투적 염정소설이 될 뿐이니, 이는 양반을 능멸하면서 계급 해방을 꿈꾸었다는 종전의 긍정적 해석을 냉정하게 비판한 것이다. 이런 해석은 윤오영, 한승헌, 오세영, 황패강, 강명관 등으로 이어진다.[30]

신관사또에 대한 춘향의 저항을 그저 전근대의 지배 이념을 답습하여 주장한 것에 불과하다고 볼지, 그의 저항이 비록 지배 이념의 테두리 내에 있긴 하지만, 그것을 자기 주장의 도구로 삼아 인간 해방 등 새로운 사상의 길을 열려고 한 것인지는 연구자의 관점과 가치 지향에 따라 다르게 해석될 수 있다. 이후 두 의견의 대립을 해소하기 위한 해석적 시도가 나타났으니, 박희병은 춘향의 '열'을 내적으로 보면 봉건적인 의미의 열과는 다른 내용과 지향이 있다고 하면서, "이 말은 춘향의 '열'이 전통적 의미의 열에서 이탈하고 있음을 뜻할 뿐 아니라, 어떤 면에서는 그것과 대립적이기도 함을 뜻한다."라고 말했다. 봉건적 의미의 열과 다른 지점으로 다섯 가지를 지적했는데, 요약하면 이도령과의 상호 신의에 기반한, 인간의 존엄을 지키기 위한 합목적적 행위로서의 열이며, 봉건적 신분 관계와 양반적 통치 질서를 부정하는 방향으로 이루어진 자유 의지적 행위라는 것이다.[31] 춘향이 지배 이념인 유교 사상을 그대로 되풀이하는 것이 아니라 그것을 자기 주장의 도구로 전유했다는 것인데, 이는 곧 유교 이념을 주장하면서 동시에 유교 이념에서 벗어나고자 했다는 말이다. 이런 견해는 일찍이 법학자 장경학의 논의에서 단초를 볼 수 있고, 김동욱의 연구에서도 확인한 것으로,[32]

박희병을 거쳐 최근 정치사상가 김영민의 논의와 연결되고 있다.[33]

한편 긍정론과 부정론의 대립을 적극적으로 다원적 구조를 만들어 수습하려는 시도도 있었는데, 조동일의 「춘향전 주제의 새로운 고찰」(1970)이 그것이다. 『춘향전』은 '기생인 춘향'의 모습과 '기생 아닌 춘향'의 모습을 동시에 보여 준다고 하면서, 이 둘이 서사를 이끌어 가는 주된 갈등이라고 보았다. 기생임을 어쩔 수 없이 인정하면서도 기생으로서 비인간적·비인격적 대우를 받는 현실을 부정하고자 하는 춘향에게서, 신분적 제약에서 벗어나 인간 해방으로 나아가고자 하는 의지를 읽어 낼 수 있다고 보았다. 여자는 모름지기 정절을 지켜 열녀가 되어야 마땅할 뿐만 아니라 복을 받을 수 있다는 열녀의 교훈은 그저 표면적 주제에 불과하다는 것이다. 조동일은 『한국문학통사』에서 "춘향은 기생이면서 기생이 아니다. 신분에서는 기생이지만 의식에서는 기생이 아니다. 그 둘 사이의 갈등에서 작품이 전개되다가 기생 아닌 춘향이 승리하는 데 이르렀다. 그렇게 해서 신분적 제약을 청산하고 인간적 해방을 이룩했다."고 정리했다.[34] 박희병이나 조동일이나 『춘향전』을 읽는 상반된 두 의견의 해소 방안을 모색했으나, 결론적으로는 춘향을 열녀로 내세우는 것은 외적·형식적 논리이고 실질은 인간 해방을 지향하는 것으로 보았다.

조동일이 보여 준 것처럼 『춘향전』의 주제는 결국 춘향의 인물 성격과 관련된다. 춘향의 저항이 유교적 지배 이념의 테두리 내에 있는 것으로 보이기도 하고, 거기서 이탈하려는 것처럼 여겨지기도 하는 것은, 그의 행동 양태와 관계된다. 이상택은 춘향이 이도령에게는 순종하면서도 같은 지배층 양반인 신관사또에게는 목숨 걸고 항거하는 모습을 보인 것을 '이율적 행동 체계'라고 부르면서, 이도령은 자신의 신분 상승에 대한 성취 동기를 채워 주었기에 순종했고, 신관사또는 그것을 억눌렀기에 저항했다고 하면서, 그것은 "상호 모순되는 것이 아니라 내적으로 일관된 통일성을 갖고 있는 것이다."라고 했다.[35] 줄곧 모순으로 지적해 온 춘향의 행위를 성취 동기라는 잣대로 보면 일관성 있게 해석할 수 있다는 것이다.

정하영은 춘향의 이율적 행동 체계를 성취 동기와 연결시켜 이해하지 않고 사랑에서 찾았는데, 간단히 말해 사랑하므로 순종했고 그렇지 않으므로 저항했다는 것이다.[36] 성취 동기든 사랑이든 춘향은 자신을 인간으로 대우하고 존중한 사람은 사랑하고 따랐지만 자신을 성적 대상으로 보고 물화하여 멸시한 사람에게는 저항했던 것이다. 인간 대접을 받기 어려운 신분 사회 조선의 하층민들이 인간적 대우를 주장한다는 것은 신분 상승의 성취 동기를 저변에 깔고 있는 것으로 볼 수 있다는 점에서 이런 해석들은 서로 상통한다고 할 수 있다.

『춘향전』의 주제와 관련된 위의 여러 견해는 한국 고전문학 연구의 작품 해석 수준을 대표한다고 해도 과언이 아니다. 학계를 대표하는 최고 연구자들이 거의 모두 나름의 의견을 개진하고 있기 때문이다. 그럼에도 불구하고 수십 년이 지난 현재의 연구 수준에서 보면 몇 가지 근본적인 물음들이 결여되어 있음을 알 수 있다.

먼저 텍스트의 문제다. 문학작품의 주제를 묻는 것에는 당연히 어떤 개별 작품이 전제되어야 한다. 그런 점에서 『춘향전』의 주제를 『춘향전』 일반, 즉 대춘향전을 향하여 진행하는 것은 출발부터 문제가 있다. 『춘향전』은 이런 주제를 지녔기에 훌륭하다는 것이나, 저런 주제에 불과하기에 별 가치가 없다고 하는 것이나, 한두 편의 각편을 가지고 전체 『춘향전』의 가치를 평가하는 것이니, 조심할 일이다. 물론 초기 이명선의 연구부터 이본 문제에 대한 분명한 인식을 가지고 있었지만, 이후 일부 연구들은 이 부분을 날카롭게 인식하지 않고 자신이 읽은 『춘향전』 이본이 막연히 『춘향전』 전체를 대표할 수 있을 것으로 보고 주제를 말했다. 조동일은 여러 이본에서 공통 화소를 찾아 주제를 추출하여 표면적 주제라 했고, 개별 각편에 보이는 세부적 화소들을 모아서 이면적 주제를 말했다. 이런 방식으로 대춘향전의 대략적 주제는 말할 수 있겠지만, 이것이 개별 작품에 대한 주제론으로 적절할지는 의문이다. 『열녀춘향수절가』의 주제와 『남원고사』의 주제가 다를 수 있고, 완판 33장본과 경판 30장본 『춘향전』의 주제가 다를 수 있기 때문이다. 문학의 주제는 매우 섬세하고 민감한 문제다.

텍스트 자체에 대한 관심은 엄밀한 연구를 위해 필수적으로 요청되는 것이지만 그것만이 작품 해석의 유일한 전제라고 말할 수는 없다. 해석은 텍스트와 해석자의 해석학적 대화로 이루어지는 것이니 해석자의 자리 역시 반드시 돌아봐야 한다. 해석학에서 해석자가 부분을 읽고 전체를 그리는 과정을 되풀이하는 것을 해석학적 순환이라고 하는데, 여기서 중요한 것은 해석자의 의식이다. 해석자의 선입견이 텍스트를 만나 선입견을 더욱 강화하기도 하고 때로는 부분적으로 혹은 전체적으로 깨지며 인식을 재구성한다. 해석은 이런 과정을 부단히 되풀이한다. 현상학에서는 선입견의 간섭을 막을 수 있도록 판단 중지(에포케, epoché)를 시도하거나 판단을 지연할 수 있도록 괄호치기를 요구하여 순수 현상에 이르기를 시도하지만, 이미 생활 세계와 역사 속에서 나름의 의미를 지니고 있는 언어를 매개로 한 문학에서 순수한 텍스트란 존재하지 않는다. 극단적으로 말하면 순수한 읽기란 없으니 모든 해석은 해석자의 선입견과 이데올로기를 동반하지 않을 수 없다.[37]

해석에 해석자의 시각이 개입하기 마련이라는 관념을 가지고 『춘향전』의 주제론을 다시 보면, 『춘향전』이 기생의 정절을 높이려는 작품이라는 의견은 유교적 세계 질서를 유지하려는 이념에 기반한 것이라 볼 수 있다. 또한 인간 해방을 말한 의견은 근대주의자들의 정치적 이상이 투영된 것으로 이해할 수 있으니, 『춘향전』을 민족 고전의 반열에 올리려는 생각으로 작품에서 근대주의의 이상을 찾고자 한 것이다. 텍스트가 해석자의 해석과 상관없는 순수한 의미체로만 존재할 수 없다면 다양한 해석은 필연적이며 그 해석 모두는 옳고 그름을 떠나 각자 유의미하다. 『춘향전』을 둘러싼 주제에 대한 논란은 어느 것이 옳다고 할 것 없이 모두 옳을 수 있는 것이다. 작품을 어떤 방향으로 읽어야 할지 한쪽만 주장할 수 없다면, 각각의 해석이 현실에서나 문학사에서 지니는 의미가 더욱 중요해질 것이다.

더욱이 텍스트에 따라서는 주제적 지향이 명료하지 않

은 작품도 있다. 『춘향전』과 같은 통속소설은 원래 교훈적 의도보다는 오락적 목적이 강하기 때문에 주제가 명확히 부각되어 있지 않다. 따라서 초기 연구에서 주 대상으로 삼았던 완판 84장본 『열녀춘향수절가』와 같은 작품은 주제에 대한 의견이 쉽게 일치되지 않았고 열절, 사랑, 인간 해방 등 제각각 다르게 해석되었다. 『춘향전』은 기본적으로 민간의 통속문학으로, 어떤 지식인 작가가 자신의 정치적, 사회적 의견을 전달하거나 문학적, 미학적 표현 방법을 완성하고자 창작한 작품이 아니다. 어떤 이야기가 어떤 경로로 여러 사람의 입과 손을 거쳐 정착된 것이니, 공동의 창작 과정에서 뚜렷한 작가의식이나 주제는 희석되기 쉽다. 경판 30장본의 경우 작품의 맨 마지막에 "대저 여염 부녀도 수절하기 매우 어렵거든, 하물며 창녀로서 정절을 지켜 필경 뜻을 이루니, 고금에 희한한 일이매, 대강 기록하여 이후 사람으로 충절의 행실을 본받게 하노니, 비록 남자라도 임금 섬기는 자는 반드시 두 마음을 두지 말지니라."라고 정절을 높이기 위해 지었다는 식으로 주제의식을 명시하고 있지만, 그 의도가 처음부터 끝까지 작품을 관철한다고 말하기는 어렵다. 정절을 높이기 위해 창작되었다기보다 독자의 흥미를 끄는 것이 일차적인 목적이다.

『춘향전』은 오랜 시간 여러 사람의 머리와 손을 거친 작품이라서 여러 목소리가 섞여 있다고 볼 수 있다. 봉건적 이념인 열절을 높이기 위한 작품으로 볼 수도 있지만, 그렇게만 보기에는 이념에 철저하지 않은 모습들도 나타나 혼란을 준다. 후자에 눈을 붙여 그것을 민중 해방의 혁명적 사상과 연결시키기도 했지만, 그렇게 보기에는 봉건적 이념의 압력은 여전히 강하고 혁명적 양상은 미약하다. 실제로 『춘향전』과 같은 민간의 유동문학, 적층문학에서 뚜렷한 혁명적 사상을 기대하기는 어렵다. 주제의식이 뚜렷하지 않을 뿐만 아니라 지식인 작가가 지은 작품처럼 정연한 사상과 논리를 갖추지도 못했다. 이런 사정도 모르고 선행 연구자들이 『춘향전』에서 진보적 사상을 읽었다고 보지는 않는다. 봉건 이념의 한계 속에 있지만 그럼에도 불구하고 그것을 넘어서려는 몸부림이 있음을 작품의 저변 또는 이면에서 읽을 수 있다고 본 것이다. 춘향은 이도령과 같은 기성 권력에 순응하고 복종하지만 권력의 억압이 지나치면 저항하기도 하는데, 당연히 저항의 무기는 지배 권력의 논리인 지배 이념이다. 지배 체제가 강고히 작동하는 상태에서 새로운 자기 논리는 설 자리가 없으니, 지배층이 쥐여 준 무기로 지배층을 공격할 수밖에 없는 것이다. 그러니 지배층의 논리를 사용한다고 해서 곧 체제에 순응했다고 말하는 것은 과하다. 『춘향전』이 민중 의식이나 계급 해방 사상을 표면에 주제로 담고 있었다면 조선 사회에서 유통되지도 못했을 것이다. 혁명적 사상을 공격의 내용이 아니라 방향에서 찾아야 하며 거기서 민중성과 진보성을 읽어야 하는 것이다.

미국의 저명한 마르크스주의 문화이론가인 프레드릭 제임슨은 『정치적 무의식』(1981)에서 "리얼리즘의 이상이라는 관점에서 보아도 로맨스에 대한 높은 가치 평가라는 이러한 외양상의 모순에 대해서는 많은 언급이 있어야 한다."라고 하면서,[38] 마르크스주의 문학비평의 기반이 되는 리얼리즘에서 멀리 떨어진 『춘향전』과 같은 로맨스 장르에 높은 가치를 부여했다. 그는 문학비평이 이데올로기 비판뿐만 아니라 작품 속에 담긴 새로운 사회 또는 유토피아의 열망까지 읽어 내야 한다고 했는데, 로맨스는 구원과 유토피아에 대한 전망을 가지고 있으므로 가치를 인정할 수 있다고 했다. 결국 현실 모순을 해결하기 위한 꿈과 상상의 시도를 이데올로기적으로 해석할 때는 정치의식이 아니라 정치적 무의식의 작동에 기대게 되는데, 『춘향전』은 하층의 여성조차 인간 대접을 받을 수 있는 이상을 그린 작품이라는 점에서 정치적 무의식 차원에서 인간 해방을 말했다고 할 수 있다.

마지막으로 주제와 관련하여 우리가 생각해야 할 부분은 작품의 내용이나 인물 발화의 내용을 넘어선 지점에 있는 발화 형식이다. 『춘향전』의 주제적 지향이 작품의 표면에만 나타나지 않고 이면 또는 정치적 무의식의 층위에도 있다는 것은 내용 분석을 통해서도 읽어 낼 수 있지만, 이것이 더욱 분명히 나타난 부분은 발화 형식이다. 어떤 말을 하고 있느냐보다는 누가 누구에게 어떻게 말하고 있느냐에 초점을 맞출 필요가 있다는 것이다. 이미 『춘향전』의 문학적 특징으로 춘향은 물론 방자, 농민 등 등장인물의 발랄한 민중적 표현을 들곤 했지만, 이런 발화의 성격을 주제와 연결시키지는 않았다. 사실 춘향이 무슨 말을 했는지 이상으로 중요한 것이, 춘향이 신관사또에게 대들며 말했다는 것이다.

춘향은 이도령에게든 신관사또에게든 하고 싶은 얘기를 거침없이 던진다. 주인공인 춘향이 말하는 것이 무슨 특별한 일일까 싶지만, 이는 간단한 문제가 아니다. 춘향은 기생이다. 사람으로 취급받지 못하고 사고팔리기도 하는 대상인 노비 가운데 한 직역이다. 더욱이 여성이다. 노비와 여성으로 신분과 젠더로 이중의 질곡에 놓여 있는 춘향이 당당히 자기 의견을 풀어놓고 있는 것이다. 역사적 현실에 비추어 보면 대단히 쉽지 않은 일이다. 현대 사회에서도 부하가 상사에게, 임원이 회장에게, 장관이 대통령에게 꼼짝하지 못하고 변변히 자기 의견 하나 제대로 개진하지 못하는 일은 드물지 않다. 그런데 그보다 훨씬 못한 지위에 있는 춘향이 자기 생각을 거침없이 표현할 뿐만 아니라 논박하고 꾸짖기까지 하는 것이다. 관계로 보면 계몽과 교육의 대상인 하층 민중, 그것도 기생이 거꾸로 관장을 훈계하고 질책한다. 발화 형식으로 보면 『춘향전』은 결코 단순히 열절을 고취하는 퀴퀴한 낡은 작품이라고 말할 수 없으며, 민중의 지배층에 대한 울분의 폭발을 보여 준 작품이다.

『춘향전』은 통속소설로서 주제를 명확히 잡기 어려운 작품이다. 그래서 소제목에서 '주제'라고 하지 않고 '주제적 지향'이라는 말을 썼다. 『춘향전』의 주제적 지향에 대해서는 여러 가지 의견이 있었지만, 해석자의 선입견과 이데올로기를 인정하고 보면 모든 의견이 나름 작품을 적절히 읽었다고 할 수 있다. 주제적 지향을 정치적 무의식과 연결시키고 발화 형식까지 고려할 때, 인간 해방의 유토피아적 전망을 지닌 작품으로 볼 수 있다.

기생의 삶과 의식

『춘향전』에서 이도령도 중요한 등장인물이지만 주인공은 단연 춘향이다. 『춘향전』을 이도령의 성장 서사로 이해할 수도 있지만,[39] 춘향의 사랑과 저항의 서사가 핵심에 있다. 춘향 서사가 문제가 되는 것은 그가 기생으로서 또는 기생으로 취급받는 존재로서 양반과 사랑을 나누고 또 관장에게 감히 저항했다는 것이다. 그러니 기생이 어떤 존재인지 알지 못하면 작품을 제대로 이해할 수 없다. 명문가 양반 자제에게, 또 고을 관장에게 기생이 어떤 존재인지, 기생은 어떤 사회적 취급을 받았는지 알아야, 춘향의 사랑과 저항을 제대로 이해할 수 있다. 옛날 독자들은 기생이 어떤 존재인지 알기에 쉽게 공감할 수 있지만 지금은 그렇지 않기에 공감은커녕 이해조차 하기 어렵다. 여기서는 『춘향전』 이해에 필요한 기생에 대한 최소한의 설명을 덧붙인다.[40]

기생의 범주는 시대와 상황에 따라 약간씩 다르지만 조선 후기에 한해 말하면 협의의 기생은 관청에 딸려 기생의 일을 맡아 본 노비다. 관청의 노비 중 여성으로 수급비(水汲婢), 주탕비(酒湯婢) 외에 기생이 있는데, 허드렛일을 하는 수급비와 관청 행사에 동원되어 가무를 하거나 파견

된 관원들의 생활 시중 등을 드는 주탕비와 기생이 있다. 주탕비만 있는 고을도 있고 주탕비와 기생이 모두 있는 고을도 있으니, 주탕비는 기생과 수급비의 중간 정도에 해당한다. 이들 관비로서의 기생 외에 관청에 속하지는 않지만 술을 팔고 매춘을 하는 창녀까지 기생으로 부르기도 하니 이는 넓은 의미의 기생에 해당한다. 『남원고사』에 신관사또가 남원에 기생이 몇 명이나 되는지 묻는 장면에서 이방이 "원기(原妓)와 이속(吏屬), 비속(卑屬), 공비(公婢), 대비(代婢)를 합하여 오십수(五十首)"라고 답하는데, 사또가 '기생위명(妓生爲名)' 즉 '기생이라는 이름을 붙인 것들'은 모두 점고에 응하라고 했으니, 이로써 보면 관청에 딸린 거의 모든 여종을 기생 취급했음을 알 수 있다.

관비든 기생이든 모두 노비요 천민이니, 이들은 조선 사회에서 사람으로 대접받지 못했다. 사노비는 사고파는 물건과 다를 바 없는 존재였고, 관청에 속한 관노비는 관청에 딸린 물건이었다. 인간의 형상을 하고 있으나 인간으로 대접받지 못한 이른바 반인반물(半人半物)이었다. 좋은 사람을 만나면 약간 사람 대접을 받기도 하지만 그렇지 않은 사람들에게는 완전히 물건 취급을 당했다. 18세기 말 천주교를 믿었던 천민 중에는 천주교 공동체에서는 천민이 양반과 한 방에 앉을 수 있다는 것에 감격하여 자

기생 검무

기에게는 두 군데의 천국이 있다고 말한 사람도 있다. 천주교 공동체가 그에게는 지상의 천국이었던 것이다. 김구의 『백범일지』에 따르면 경상도에서 백정들은 길을 가다가 사람을 만나면 길 아래로 몸을 숨겨야 한다고 했다. 지역마다 정도의 차이는 있지만 천민들은 누구나 다니는 길조차 함께 쓰지 못하는 것이 현실이었다.

관노비로서 기생의 처절한 현실은 여러 사례가 잘 보여 주는바, 관노비 일반의 비인간적인 대우 외에 성적 착취까지 겪어야 했다. 기생을 한 인간, 한 여성이 아니라 성적 대상물로 취급하는 사건이나 이야기는 문집이나 소화(笑話)에서 어렵지 않게 찾아볼 수 있다. 대여섯 살에 동

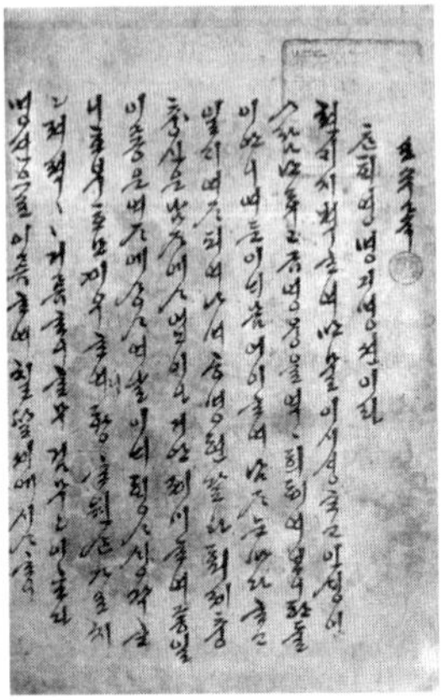

『소수록』 첫 면
(국립중앙도서관 소장)

기(童妓)가 되어 가무를 배우면 불과 열두세 살에 남자와 잠자리를 강요받게 된다. 국립중앙도서관에 소장된 『소수록』에 실린 해주 기생 명선의 자술가를 보면, 일고여덟 나이에 기생이 되어, 열두 살에 처음 남자와 잠자리를 하니 "어디 당한 예절인지 짐승과 일반이라."라고 했다. 기생은 억압과 강요로 성추행과 성폭행을 일상적으로 반복해서 경험하며 자기 운명에 길들여진다. 고을원이 아무렇지 않게 공개적으로 기생에 대한 성폭행을 허락하는 일도 이야기에 기록되어 있으니, 이것이 모든 기생에게 벌어진 일은 아니라고 해도 별다른 말 없이 기록된 것을 보면 그리 놀라운 일이 아님을 짐작할 수 있다.

명선의 자술가는 기생이 자기 인생을 돌아보며 쓴 글로 『춘향전』의 영향이 엿보이는데, 실제 기생의 삶과 의식을 보여 준다는 점에서 『춘향전』과 비교하기 좋다. 물론 기록의 사실성 여부를 확인할 다른 방도는 없으나 내용의 구체성으로 보아 허구는 아닌 것 같다. 명선은 열두 살에 그런 모진 일을 겪고도 그것을 상처만이 아니라 기회라고 여겼다. 상대는 황해도 관찰사였던 듯한데, 강압적인 자리였지만 안정된 미래를 기대해서인지 기회로 보았다. 사또가 곧 서울로 돌아가니 "갑자기 부귀하면 상서롭지 않다더니 무슨 복이 이러하리."라고 한탄했다. 이후 명선은 자포자기한 삶을 사는데 기생으로 이름을 날리게 되었을 무렵 열여섯 살에 새로 부임한 사또의 동생과 운명적 만남을 갖는다. 열 살 이상 많은 이십 대 중반의 김진사와 사랑에 빠진 명선은 장래를 약속하지만 김진사는 "집 사놓고 기별하마 배반 말고 올라오라."는 말만 남기고 떠난다. 기생과의 약속은 대부분 허언이어서 기약하기 어려운데 새로 부임한 사또가 수청을 강요한다. 이리저리 막으며 견디는 사이 서울에서 올라오라는 기별이 들려온다. 명선의 이야기는 인생의 초중반을 그린 데 불과하지만 춘향처럼 서울로 올라가는 데서 끝나는 해피엔드다.

명선은 기생으로 겪은 상처가 막심하지만 인생 중반은 후배 기생들에게 본이 될 정도로 성공적이었다. 명선이 작품 마지막에 후배들에게 자랑스레 들려주는 교훈은 그의 인생이 예외적인 것임을 말해 준다. 대부분의 기생은 양반과의 만남이 일회성으로 그칠 뿐이며, 심지어 약속하고 기대했다가 배신당하는 일까지 있었다. 함경도 명천의 기생 군산월의 노래가 그것을 보여 준다. 열아홉 살의 군산월은 쉰셋의 유배객 전직 홍문관 교리 김진형을 만나 장래를 약속받는데, 김진형은 유배에서 풀려 돌아가는 길에 군산월을 데리고 가다가 차마 끝까지 동반하지 못하고 도중에 돌려보낸다. 유배객이 귀로에 기생을 끼고 간다는 비난을 감수하기 어려웠을 사정이 짐작되지만 군산월에게는 돌이킬 수 없는 상처가 되었다. 김진형은 유배가사인 「북천가」에서 자신이 기생과의 관계를 단호히 정리했음을 자랑스레 밝혔지만, 군산월은 자탄가라고 할 수 있는 「군산월애원가」에서 배신당한 원망을 길게 노래했다.

춘향이나 명선이나 모두 서울로 올라가는 것에서 실질적인 서사의 종결을 보여 주었지만, 실제로 서울로 올라간 기생이 인간 대접을 받으며 살 수 있었을지는 의문이다. 서울로 간 기생의 운명을 보여 주는 기록이 하나 있으니 「정주마마실적(定州媽媽實蹟)」이다.[41] 고관의 첩이 된 평안도 정주 기생의 삶을 해당 고관의 후손이 기록한 글이다. 마마에는 여러 의미가 있지만 여기서는 고관의 첩을 부르는 말이다. 『열녀춘향수절가』에도 춘향이 "도련님 과거하여 벼슬 높아 외방 가면 실내 마마 치행할 제 마마로 내세우면 무슨 말이 되오리까. 그리 알아 조처하오."라고 했다.

「정주마마실적」은 조영재(趙永載, 1868-1937)가 큰할아버지인 조학년(趙鶴年, 1786-1854)의 기생첩에 대해 쓴 것으로, 정주마마는 어려서 사또로 내려온 조학년을 만났고 조학년이 서울로 돌아가자 그의 자식을 데리고 서울로 올라와서 조학년의 부인이 알아차리지 못할 곳에서 정체를 드러내지 않고 숨어 살다가 조학년이 죽자 그제야 조학년의 처에게 자신을 소개하고 얼마 남지 않은 여생을 조용히 살다가 갔다. 조영재는 정주마마가 어려서는 천인(賤人)으로 성도 없이 살았고 자라서는 자식을 잃었으며 죽어서는 무덤까지 잃어버려 세상에서 버려진 존재가 되었다고 했다. 죽고 나서 무덤을 만들었지만 아무도 돌보지 않아 무덤자리조차 잃어버렸다는 것이다.

춘향이나 명선이나 정주마마처럼 외직으로 나간 벼슬아치가 지방의 기생을 서울로 불러들여 첩으로 삼은 일은 드물지 않았다. 기생은 관청에 딸린 물건이어서 벼슬아치가 사사로이 첩으로 삼을 수 없었지만 법을 어긴 경우가 적지 않았다. 『조선왕조실록』을 보면, 조선 후기에 양반이 기생첩을 두고 사는 것은 고질이 되었다. 1769년 4월 영조는 서울에서 기생을 데리고 사는 관리를 불시에 조사하여 처벌했는데, 홍문관에서 임금의 조치가 과하다며 상소를 올리는 일까지 벌어졌다. 나중에 영조는 화가 약간 진정되자 신하와 대화를 나누었는데, 영조가 웃으며 조정 대신들에게 "경들도 축첩을 하는가?" 물으니, 모두가 "그

렇다."라고 대답했다.[42]

『신재효본 동창 춘향가』에 이도령과 춘향이 이별할 때, 이도령이 춘향을 서울로 데려가기를 주저하자, 춘향이 자기는 월매, 향단이와 뒤따라가서 남대문 밖 조용한 곳에 자리 잡고 향단이는 술을 팔고 자신은 바느질로 업을 삼아 생계를 꾸리면서 이도령이 과거에 급제하여 벼슬할 때를 기다리겠노라고 말한다. 조학년이 정주마마를 서울로 오게 한 것은 홀로 비난당할 일은 아니지만, 중앙의 청요직(淸要職)에 있는 사람으로서 남의 이목에 거리낄 일이었다. 그러니 서울로 올라온 춘향 역시 편하게 떵떵거리며 여생을 보내기는 쉽지 않았을 것이다.

물론 세상에는 특별한 경우도 없지 않다. 최상의 위치에 오른 기생을 대표하는 인물로 김좌근의 총첩 나주마마를 들 수 있다. 나주마마는 나주 출신 기생으로, '나합'으로 불리기도 했다. 당시 정승들은 흔히 '거주하는 동네 이름+합(閤)'의 방식으로 불렸는데, 나합이 워낙 권력이 막강하다 보니 정승을 부르는 식으로 불렀던 것이다. 나합이 화가 나서 조선의 최고 권력가인 김좌근의 뺨을 때렸다는 말도 돌았고,[43] 경운동에 있는 나합 처소에서 앞의 사랑채에 가려 남산이 잘 보이지 않는다고 하여 김좌근의 아들 김병기가 사랑채를 허물었다는 소문도 있었다.[44]

특이하면서 믿기 어려운 기생으로는 평안도 용천의 기생 초월을 들 수 있다. 초월은 연행사로 중국에 다녀온 심희순을 만나 첩이 되었다는데, 1846년 열다섯 살 어린 나이에 이만 자가 넘는 장문의 한문 상소를 남겼다고 한다.[45] 내용은 삼정(三政)의 문란과 축첩의 폐해뿐만 아니라, 자기 남편이 조정에서 과한 대우를 받는다고 말하고, 심지어 임금이 궁궐에 기생을 들여 잔치를 하는 것까지 비판했다. 어린 기생이 장문의 한문을 쓴 것도 믿기 어렵고, 더욱이 그 내용에 궁궐의 기생 잔치까지 거론한 것은 과도하여 받아들이기 어렵다. 또 초월은 숙부인(淑夫人)의 첩지까지 받았다는데 이는 유례를 찾을 수 없는 일이다. 어떤 사람이 용천 기생에 의탁하여 장난삼아 지은 가짜 상소일 가능성이 높다.

『춘향전』은 물화된 존재, 비인격적인 존재인 기생 춘향이 조선 최고 지위에 있는 서울 고관의 아들 이도령과 사랑을 나눈다는 이야기다. 지금 시각으로는 이도령이 춘향을 하대하는 것이 눈에 거슬릴 수 있지만, 기생의 지위를 감안하면 이도령은 상대적으로 춘향을 인격적으로 대했다고 할 수 있다. 하늘과 땅만큼 차이가 나는 두 존재가 신분의 장애를 극복하고 상대를 인격적으로 존중하며 신의를 지켜 사랑한 이야기이니 통속연애소설로 높은 인기를 유지하며 향유될 수 있었다.

고관의 아들과 미천한 기생이라는 둘 사이의 격차를 생각하면 사랑이 가능할 것 같지 않지만, 조선의 최고 베스트셀러 소설에 신분의 격차를 넘어선 사랑이 나타난 이유는 남녀의 엄격한 분별을 내세우는 내외 분별의 이념과도 관계되는 듯하다. 인간의 자연스러운 감정이자 본능인 사랑이 내외 분별로 인해 막혀 있으니 같은 양반 계급과의 사랑은 불가능할 수밖에 없다. 밖에서 만나 사랑의 감정을 나눌 수 있는 여성이 거의 기생에 한정될 수밖에 없는 것이 현실이었던 것이다. 그러니 격차와 장벽에도 불구하고 이도령과 춘향의 사랑이 있었다고 할 수 있다.

기생의 지위를 생각하면 이도령과의 사랑이 얼마나 문제적인지, 또 신관사또에 대한 저항이 얼마나 대단한 일인지 알 수 있다. 상하층의 지위를 넘어선 사랑에 대해서는 일찍부터 귀족 남성과 하녀의 사랑을 그린 새뮤얼 리처드슨(Samuel Richardson, 1689-1761)의 『파멜라』(1740)가 비교 대상이 되었다.[46] 그러나 몰락한 중산층의 딸로서 대갓집에 하녀로 들어간 파멜라가 그 집 아들 미스터 비(B)의 집요한 요구와 압박을 예법에 맞는 언행과 덕성으로 물리치고 결국 그를 감화시켜 결혼에 이른다는 내용을 가진 『파멜라』는 인격체와 비인격체의 사랑을 그린 『춘향전』과 질적인 차이가 있다. 주인공 파멜라는 하녀라고는 하지만 미스터 비와 다른 종류의 인간으로 취급되지는 않아 결혼 후 상층 계급에 적응해 나가지만, 춘향은 뒤에 정절부인의 직첩을 받았다고 하나 양반 가문의 당당한 일원으로 편입될 수는 없었을 것이다. 그런 사회적 대접은 감히 꿈도 꾸지 않았을 것이다. 고대 로마에 귀족과 노예의 사랑을 그린 작품이 있는지, 또 노예 해방 전 미국에서 농장주와 노예의 사랑을 그린 작품이 있는지, 그것들이 『춘향전』처럼 그 사회에서 최고 인기를 누렸는지는 알 수 없지만, 이도령과 춘향의 사랑은 그 신분을 넘어선 파격성만으로도 놀랍다.[47]

『춘향전』 해석의 방향

신화로서의 『춘향전』

19세기에는 『춘향전』이 기특한 사랑의 이야기로 읽혔다. 20세기 이후에도 대다수 독자에게 그렇게 읽혔지만 고전으로 부상하여 학교에서 연구되고 교육되면서 다른 방식의 독법이 각광받았다. 사랑 이야기보다는 신분 제도를 넘어선 계급 해방의 소설, 나아가 인간 해방의 소설로 읽힌 것이다. 문학이 아니라, 역사로 또 사상으로 읽혔다. 학교 안에서의 독법과 학교 밖의 독법이 크게 달라졌다.

학교 안의 독법은 근대 이후의 문예비평적 태도와도 상통하는 것이다. 리얼리즘적 비평 시각은 역사적·사상적 접근법을 강화했다. 소설에서 인간 해방의 사상을 찾고 조선 민중의 저항을 읽으려고 했던 것이다. 이런 시각으로 작품을 읽으려다 보니 그에 부합하지 않는 것들은 수준이 떨어진 것으로 판단했다. 『춘향전』은 지식인 전업

소설가에 의해 창작된 근대소설과는 질적으로 다름에도 불구하고 근대소설의 비평적 관점으로 평가하려고 했다.

그러다 보니 이도령에게는 순종하던 춘향이 같은 지배층 양반인 신관사또에게는 거부하고 저항하는 것을 모순으로 읽기도 했고, 기생인 춘향이 정처(正妻)나 차리는 정식 혼례 절차 곧 육례(六禮)를 요구하는 것이 당시 실정에 맞는지, 서울에 올라간 지 얼마 지나지 않아 과거에 급제한 이도령이 바로 암행어사라는 높은 자리를 얻어 남원으로 올 수 있는지, 암행어사는 임금의 허락도 받지 않고 직권으로 봉고파직(封庫罷職)할 수 있는지, 기생인 춘향이 과연 정절부인이라는 외명부의 직첩을 받을 수 있는지, 이런저런 질문을 던지면서 역사 기록과 잘 맞지 않거나 찾아지지 않는 부분을 들어 그것이 작품의 결함인 것처럼 말하기도 했다. 여기에다 『춘향전』 사설에 춘향의 집이나 방을 묘사한 장면이라든지 주안상을 차린 부분에서 너무 많은 그림과 음식이 나열된 것까지 따져 현실적으로 맞지 않는 불합리한 것이라고 말하기도 했다. 이런 것들을 가지고 선행 연구에서는 불합리, 불통일, 불균형, 모순 등의 부정적인 개념으로 평가했던 것이다.

『춘향전』을 사상서로, 역사서로, 또 근대소설로 읽으려는 시도는 작품이 결핍한 부분을 알 수 있게 한다는 점에서 전혀 의미가 없다고 할 수 없지만, 『춘향전』의 장르적 성격에 맞는 독법이라고 말할 수는 없다. 할리우드의 상업영화를 예술영화를 비평하는 관점으로 재단하는 것이 적절할 수 없듯이, 통속소설을 리얼리즘의 잣대로 평가하는 것도 맞을 수 없다. 원래 대중성을 지향한 작품에다 사실성과 예술성이 부족하다고 평하는 것이 그 작품의 이해에 얼마나 도움이 되겠는가. 『춘향전』을 비평하자면 먼저 작품의 기본적 성격부터 파악할 필요가 있다.

김병국은 「춘향전의 문학성에 관한 비평적 접근 시론」에서 신화비평 또는 원형비평으로 유명한 노드롭 프라이(Northrop Frye)의 저작에 기대어 "우리가 연구자 혹은 비평가로서의 '현실 원칙'을 버리고, 문학 수요자로서의 '쾌락 원칙'에서 『춘향전』을 보면, 디테일상의 사회적 리얼리즘보다도, 허구적 양식 자체의 문학적 관습에 관심을 가지게 되는데, 『춘향전』은 희극적 구조의 제특징을 구비한 가장 관습화된 대중적 문학이라는 것이다."라고 결론지었다.[48] 『춘향전』은 희극적 대중소설이니 그에 맞추어 읽어야 한다는 것이다.

관습적 문학으로 보면, 작품의 서사 구조는 물론 춘향이나 이도령 등 등장인물 또한 현실의 반영이라기보다 장르적 관습에 의해 만들어진 성격으로 해석된다. 희극의 장르 관습에 의해 만들어진 자기과시형 장애 인물, 자기비하형 주동 인물, 기타 조흥역(助興役)의 인물이 설정된 것으로 보는 것이다. 문학작품은 역사와 현실의 반영으로 만들어지기도 하지만 장르 관습에 따라 만들어지기도 하는데, 장르 관습이 강하게 작용하는 작품은 우선 그에 맞추어 해석해야 한다.

김병국은 서양문학의 양식에 따라 희극을 말했으나 한국의 서사 전통을 생각하면 『춘향전』은 신화적·설화적 전통을 잇는다고 말할 수 있다. 고귀한 남성과 비천한 여성의 만남은 「단군신화」 같은 신화에서 흔히 볼 수 있으며, 이도령이나 춘향은 신화의 주인공처럼 인간을 넘어선 영웅은 아니지만 보통 인간들보다는 훨씬 우월하다. 신화가 보여 주는 서사의 원형성은 후대의 문학작품에서 되풀이되는데, 『춘향전』은 먼 연원을 지닌 신화들 외에 『숙향전』, 『구운몽』 등 소설을 작품에 활용하고 있다.

조선 후기에 『춘향전』 못지않게 유명한 『숙향전』은 지상에 내려온 선녀와 신선이 술집에 기거하는 숙향과 귀족 청년 이선으로 다시 만나 사랑을 이루는 이야기이며, 『구운몽』은 남악 형산이라는 초월적 공간에 살던 수도승 성진과 팔선녀가 옥황상제에 의해 지상에 던져져 인연을 맺는 이야기다. 두 작품 모두 초월 세계에서는 남녀가 동등

한 신분이었지만 지상에 내려와서는 귀천의 처지가 크게 달라지는데, 그런 신분의 격차를 넘어서서 부부의 인연을 이어 가는 것으로 서사가 종결된다. 『춘향전』은 명시적으로 두 연인이 천상 세계에서 내려온 것으로 그려지지 않지만, 이들 작품처럼 지상의 신분 격차를 극복하고 사랑을 이룬다는 점에서는 일치한다. 문학의 장르 관습에 익숙한 독자라면 이도령과 춘향 또한 초월 공간에서 각각 신선과 선녀였을 것으로 읽었을 가능성이 있다. 경판 30장본 『춘향전』에서는 춘향의 생일이 석가모니와 같은 사월 초파일이라고 했으며, 『열녀춘향수절가』에서는 춘향이 태어날 때 월매의 꿈에 선녀가 내려오는 것으로 제시했다. 춘향이 부처의 제자나 부처의 화신, 또는 선녀와 관계됨을 암시한 것이다.

『춘향전』의 장르적 전통을 동아시아로 넓혀 보면 한문 문화권의 로맨스라고 말할 수 있는 재자가인류와 연결된다. 일찍이 한문본 『춘향전』인 『광한루기』는 『춘향전』을 『서상기』에 빗대어 이해하려고 했다. 신화, 로맨스, 재자가인소설 등과 상통하는 통속적 애정소설의 장르 범주 안에 있는 것이다.

『춘향전』은 서사 구조의 차원에서는 혼돈의 세상이 원래 질서를 회복하는 서사를 보여 준다. 평온-고난-극복-

평온이라는 회복의 서사를 계절에 빗대어 보면, 봄에서 시작한 계절이 여름, 가을, 겨울을 지나 한 해를 넘기며 다시 봄으로 돌아오는 순환의 서사가 된다.[49] 춘향의 등장이 봄을 상징하며 이도령과의 뜨거운 사랑은 여름이다. 이별의 쓸쓸함을 겪으며 가을을 맞게 되고, 신관사또의 압력으로 차가운 감옥에 갇히는 겨울이 온다. 그러다가 암행어사 출도로 다시 훈풍이 불어오니 따뜻한 봄을 맞아 둘은 해후한다. 『춘향전』은 이처럼 인물 성격은 물론 서사 구조 면에서도 신화적 원형을 보여 준다.

장르적 관습에 충실한 이런 작품을 역사적·사상적 지식을 가지고 분석하고 비평하는 데는 주의가 필요하다. 법학자가 자신의 법률적 전문지식을 가지고 『춘향전』에 그려진 법률 사실 또는 상식이 역사에 부합하는지 논증한다든지, 역사가가 소설에 그려진 사건이 역사적 사실과 얼마나 간극이 있는지 알려 주는 것은 작품을 이해하고 해석하는 데 도움이 될 수 있지만, 그것으로 작품의 수준을 판단한다면 적확한 평가가 되지 못할 수 있다. 첫날밤에 춘향이 이도령에게 육례를 요구했다고 해서 꼭 첩이 아닌 정처가 되겠다는 것으로 읽을 필요는 없으며, 장원급제한 사람이 바로 암행어사가 되거나 기생이 외명부의 직첩을 받는 것이 실제 대응할 만한 사례가 찾아지지 않는다고 하더라도 이것을 사실성의 결여로 읽는 것은 부당하다. 『춘향전』이 속한 장르에서는 얼마든지 용인 가능하기 때문이다. 유명한 영웅소설 『소대성전』의 주인공은 게으르고 잠이 많기로 잘 알려져 있는데, 과거 시험장에 들어가서는 다른 사람들 답안지를 모조리 고쳐 주고도 가장 먼저 답안지를 제출한다. 현실에서는 말도 되지 않는 일이라고 하겠지만 조선시대 영웅소설의 장르 관습에서는 용인될 수 있다. 할리우드 영화에서 주인공이 총알이 쏟아지는 전장에서 절대 죽지 않는 것과 다를 바 없다. 과거에 급제한 사람이 바로 암행어사가 되는 일도 임금이 결심하면 불가능한 것은 아니며, 이도령이 신관사또를 현장에서 파직까지 하는 것도 미리 임금의 특명을 얻었다고 보면 전혀 불가능하지 않다.[50] 현실에서는 좀처럼 일어나기 어려운 일들이 일어날 수 있다고 인정되는 것이 『춘향전』이 놓인 장르의 세계다. 『춘향전』은 이렇게 읽어야 하며, 어찌 보면 동화와 같은 작품이다.

물론 『춘향전』도 부분에 따라 역사성과 사회성이 강하게 나타난다. 예컨대 『남원고사』 제5권의 옥에 갇힌 춘향이 이도령을 만나 자기 결심을 길게 늘어놓는 부분은 상당히 비장하다. 춘향이 부당하게 감옥에 갇혀 고통을 받으며 죽음까지 생각하는 상황을 보며 조선 후기 사회의 신분적 모순을 읽을 수 있다. 또 1961년 홍성기 감독의 영화 〈춘향전〉은 이도령을 골계적·희극적 인물로 그리지 않고 세련되고 진지한 귀족 지식인으로 그리는데, 이렇게 해석한 작품들에서는 다른 『춘향전』보다 사상이나 역사와의 연관성을 더욱 많이 읽어 낼 수 있다. 그렇지만 대다수의 『춘향전』 각편은 기본적으로 사상이나 역사로 읽기 전에 먼저 소설로 또 신화로 읽어야 한다는 점을 명심할 필요가 있다.

연행 예술로 읽기

전근대의 『춘향전』은 소설과 함께 판소리로도 유통되었다. 『춘향전』의 연원에 대해서는 어떤 사람이 창작한 소설을 광대들이 노래로 불렀다고도 하고, 광대들이 이야기를 만들어 노래로 부르던 것이 소설로 정착되었다고도 한다. 연구 초기에는 앞의 의견이 많았는데, 김동욱의 연구 이후 후자가 통설이 되었다. 그런데 최근 이윤석이 다시 소설 기원설을 제기했다. 현전하는 자료를 보면 소설이 판소리를 앞선다는 것인데, 판소리 자료로 가장 앞에 있는 1754년의 『만화본 춘향가』가 판소리를 듣고 지었다는 것이니, 이런 기록이 부정되지 않는 한 소설 기원설은 통설로 자리 잡기 어려울 것이다. 이윤석은 『만화본 춘향가』에서 『배비장전』에 대해 언급한 부분 등을 들며, 『만화본 춘향가』가 18세기 중반이 아니라 훨씬 후대에 저술되었을 가능성을 제기했지만,[51] 이 작품을 지은 정황이 부정되지 않는 한 소설이 판소리에 앞선다고 말하기는 어렵다.

『만화본 춘향가』 마지막 구절에 춘향의 노래를 '타령의 가사(打鈴辭)'라고 했는데, 『춘향전』을 타령으로 칭한 것은 뒤의 자료에서도 계속 이어진다. 조재삼의 『송남잡지』 「춘양타영」 조에서는 부채를 치면서 길게 읊조리기에 '타영(打詠)'이라 부른다고 했으니, 광대가 부채를 들고 손바닥을 툭툭 치면서 소리하는 모습은 이미 이백 년 전에도 있었던 것이다. 물론 여타 판소리 작품도 〈박타령〉(〈흥부가〉), 〈변강쇠타령〉, 〈강릉매화타령〉, 〈가짜신선타령〉 등 타령이라고 불려 왔다.

소설이든 판소리든 선후와 무관하게 현전하는 『춘향전』 자료는 모두 판소리와 깊은 영향을 주고받으며 만들어졌다. 김병국은 『춘향전』 등 판소리계 소설에 나타나는 연행 예술적 성격을 부각하여, 보통의 고전소설은 '문어체 소설'로, 판소리계 소설은 '판소리 서사체'로 부르기도 했

판소리 연행상
(송흥록 생가, 전라북도 남원)

다.[52] 『춘향전』의 여러 이본 중 판소리의 고향이라고 할 전주에서 출판한 완판본에서는 판소리의 영향이 더욱 강하게 느껴지는데, 완판 29장본 마지막은 "광대 목도 쉬니 쿵쿵쿵쿵"으로 종결될 정도다. 사정이 이러니 『춘향전』을 이해하자면 판소리를 어느 정도 알아 두지 않으면 안 된다.

판소리는 이야기를 노래로 부르는 공연 예술 장르다. 창자 한 사람이 북을 잡은 고수의 반주에 맞추어 노래와 함께 이야기를 전한다. 판소리가 무당들이 굿판에서 부르는 무가에서 기원했을 거라는 주장은 공연 방식의 유사성과 관계가 있다. 판소리에서는 '일고수 이명창(一鼓手 二名唱)'이라고 하여 창자보다 고수가 더 중요하다는 말이 있을 정도로 고수의 역할을 높이 평가했다. 물론 실제로 고수가 더 높은 평가를 받았다는 것은 아니며 그만큼 중요하다는 의미다. 고수는 장단을 맞추어 주면서 노래를 이끌고, 동시에 추임새를 넣어 흥을 돋운다. 추임새는 고수만이 아니라 청중도 넣을 수 있는데, 창자와 청중은 추임새를 통해 교감하며 일체감을 느낀다. 판소리는 청중과의 교감을 중요하게 여기는 공감의 예술 장르다.

17세기 말부터 주로 하층에서 향유되었던 판소리가 18세기 중후반에 와서는 상층 양반으로, 뒤에는 궁중까지 청중의 층을 넓혀 나갔는데, 이와 더불어 판소리 광대가 '명창'으로 격을 높여 불리기 시작했다.[53] 기본적으로 천민이던 광대 소리꾼 중 권삼득처럼 비가비로 불리는 평민 출신이 나타나기 시작했고, 모흥갑 등은 명예직이긴 하지만 벼슬까지 받았다. 『만화본 춘향가』에서 보는 것처럼 양반들이 광대의 타령 곧 판소리를 듣고 감흥을 기록하면서 하층 문화였던 판소리는 상층 문화와 교섭하기 시작했다. 지방 향리들이 판소리를 후원하면서 격이 더욱 높아졌는데, 고창의 향리인 신재효(申在孝, 1812-1884)는 상당한 재력과 학식을 가지고 양반들과 교유했으며, 산발적으로 전승되던 판소리를 체계적으로 정리했을 뿐 아니라, 광대를 모아 교육하기도 했다.

신재효 고택
(전라북도 고창)

신재효의 사례가 대표적으로 보여 주는 바와 같이 판소리의 발전에 향리 등 중간 계층의 역할은 각별히 주목할 필요가 있다.[54] 구전에 의하면 조선 후기부터 성장한 판소리 경연대회인 전주대사습은 향리들이 주도했다고 하고, 유사하게 각 지역의 탈춤도 향리들이 주도한 사실이 밝혀지고 있다.[55] 지배층이라고 말할 수도 없고 그렇다고 일반 평민 또는 천민과 같은 피지배층으로 볼 수도 없는 중간층이 조선 후기 연행 예술의 발전에 중심적 역할을 한 것이다. 이렇게 보면 『춘향전』이 지배이념을 철저히 담지하면서 동시에 민중적인 성격을 보이는 것도 향유층의 세계관과 연관지어 이해할 수 있다. 지배층과 피지배층의 성격을 모두 가진 중간층으로서 서울의 중인 또는 여항인과 지방의 향리가 지배 이념을 따르면서 동시에 저항하는 모습을 보인 것으로 읽을 수 있는 것이다.[56]

19세기 중반, 특히 경복궁 중건을 계기로 판소리는 왕실을 포함하여 조선의 전 계층을 사로잡는 연행 예술이 되었는데, 판소리가 상층 문화를 포섭하며 교섭한 흔적은 작품 속에 있는 많은 한시문에서 찾아볼 수 있다. 이런 사정이 있으니 당대의 지배 이념과 더욱 어긋나기 어려웠고, 오히려 『심청전』의 효, 『흥부전』의 우애, 『춘향전』의 열절 등 유교의 기본 이념을 바탕으로 삼았던 것이다. 판소리는 20세기 전반에 이르러 영화, 라디오 등 새로운 매체가 등장하면서 더욱 향유층을 넓혀 전 국민에게 사랑받는 국민 예술이 되었다. 지금까지도 판소리로 불리는 작품은 〈춘향가〉, 〈심청가〉, 〈수궁가〉, 〈흥부가〉, 〈적벽가〉의 다섯 작품인데, 이 가운데 단연 〈춘향가〉가 최고 인기였다.

판소리의 연행 특징으로 특히 주목해야 할 점은 한 번에 이야기 전체를 공연하지 않고 그 일부만 떼어 '토막소리'로 연행한다는 것이다. 『춘향전』 소설이야 처음부터 끝까지 단숨에 볼 수 있지만 판소리 〈춘향가〉는 그 전체를 듣기에 너무 방대하다. 오페라처럼 막을 나누어 다섯 시간이고 열 시간이고 할 수도 있겠지만, 한 명의 소리꾼이 진행하기에는 벅찬 일이다. 이른바 판소리 완창은 1968년 박동진 명창의 도전이 처음이다. 명창이 자신의 판소리 장악력과 가창력을 과시하고자 한 뜻이 있었다. 토막소리로 불릴 때 그 소리의 내용은 대강의 서사적 틀에야 구애를 받겠지만 세세한 부분은 얼마든지 확장되거나 축소될 수 있다. 서사 단락 사이의 논리적 연결이 문제가 아니기 때문이다.

이런 판소리의 연행 특징은 소설에도 반영되어 있는데 조동일은 '부분의 독자성'이라는 개념을 적용했다.[57] 판소리에서 어떤 한 부분은 이어지는 앞뒤 부분과 밀접한 연관 속에 있지 않고 상대적으로 독자적이라, 판소리 광대가 고수나 청중과 교감하면서 흥이 나면 특정한 부분을 강조하거나 빼기도 한다는 것이다. 예컨대 춘향 집의 장식 대목을 노래할 때 청중이 흥미롭게 듣고 반응하면 여러 가지 기물을 나열하며 더욱 길게 늘릴 수도 있고, 별 반응이 없으면 짧게 끝낼 수도 있다.

상대적 독자성을 지닌 부분들이 한자리에 연결되어 소설이 되기도 했으니 전체 서사에 비추어 보면 불합리니 불균형이니 하는 평가를 받는 부분이 나올 수 있다는 것이다. 어떤 이본은 그런 문제를 어느 정도 조정하며 소설을 만들었지만 어떤 것들은 그런 과정을 덜 밟았을 수 있다. 완판 84장본 『열녀춘향수절가』는 경판본에 비해 "두 주인공의 인간상이 불통일되어 있어서 그 구성이 불합리적임은 물론 작품으로서도 실패하고 말았다."는 평가가 있는데, 보통의 비평적 관점이라면 '불통일'과 '불합리'는 결함이 되겠지만, 판소리의 이런 연행 특징을 감안하고 보면 결함보다 "민중의 발랄성"을 드러내는 문학적 성과를 올렸다는 평가를 받을 수도 있다.[58]

부분의 독자성을 작품의 주제적 측면에서 보면 해석의 다양성과도 연결될 수 있다. 이도령과 춘향의 만남 장면만 본다면 남녀의 사랑에 초점을 맞춘 작품으로 읽을 수 있고, 춘향이 신관사또에게 저항하는 장면만 떼어 놓고 보면 인간 해방을 지향한 작품으로 해석할 수 있으며, 암행어사 출도 장면만 보면 부정한 지배 권력에 대한 민중의 저항으로 볼 수 있다. 부분의 독자성은 작품 전체 맥락에 구애받지 않고 특정 주제에 몰입하게 하는 특징을 만들어 낸다고 말할 수 있다.

연행 방식과 함께 생각해야 할 다른 부분은 연행 현장이다. 판소리가 주로 불리는 곳은 잔치판이다. 송만재는 1843년 아들이 소과를 통해 진사가 되었으나 가난하여 광대를 불러 잔치를 벌이지 못하자 「관우희」라는 한시를 지어 광대놀음의 '가곡', '판소리', '줄타기', '땅재주'를 재현했다. 잔치에 소리꾼을 부르는 관행이 있었으니 한시로 잔치판을 대신한 것이다. 판소리가 잔치에 주로 불렸다는 것과 판소리 여러 작품에서 대단원에 축제적 장면이 있는 것은 유의미하게 연관된다. 『춘향전』의 암행어사 출도 장면, 『흥부전』의 박 터지는 장면, 『심청전』의 심봉사 눈 뜨는 장면 등이 모두 그러하다.

잔치는 유흥적 성격을 가지기 쉬우며, 유흥에는 기생이 중요한 역할을 하는 경우가 많았다. 판소리는 후대로 갈수록 여성 창자가 중요해졌는데, 신재효가 여성 명창을 교육했고 남창과 함께 동창 『춘향가』를 별도로 편집하기도 했다. 동창은 이설이 없지 않지만 동기(童妓)에게 부르게 한 것이라는 설이 유력하다. 『춘향전』은 성적 표현을 비롯하여 저속한 부분이 적지 않은데, 이것은 유흥성과 함께 통속소설의 오락적 성격이 결부되어 나타난 것으로 이해할 수 있다.

『춘향전』은 소설이면서 동시에 판소리 연창 대본의 성격을 지닌다. 판소리를 의식하며 읽을 때 훨씬 재미있게 감상할 수 있다. 직접 공연을 보거나 해당 부분의 음원을 듣고 읽는다면 금상첨화다.

페미니즘에 소환된 춘향

『춘향전』은 애정소설이다. 애정소설에서 성적 표현을 강조하고 노골적으로 묘사하면 음란소설이 될 수 있다. 『춘향전』은 이본에 따라 차이가 있지만 음란물이 될 소지가 있으며, 실제로 문제가 되기도 했다. 1925년 전라도 광양의 청년회관에서 음악회가 있었는데 〈춘향가〉에서 가장 유명한 노래인 〈사랑가〉를 부르자 어린 학생들 앞에서 음란한 노래를 부르지 말라며 소란이 일어났고, 1930년에는 명창 이동백이 경기도 평택의 서정리 역전에서 〈춘향가〉 공연을 했는데 사회단체에서 "민중에 도움이 없는 음란한 가극은 도리어 일반 관중의 정신을 악화시킴"이라며 공연 중지를 요구하는 소동이 있었다.[59] 신재효가 정리했다는 창본 중에 아이들 또는 동기에게 부르게 했다는 동창(童唱) 〈춘향가〉에조차 상스러운 욕설이 그대로 노출되어 있으니, 이도령과 방자의 문답에 "이 녀석 네 어미 ×이다." "우리 앞이 ×이오." "그 × 갖다 개 ×에 박아라." 등으로 남녀 성기를 그대로 노출시켜 대화를 이어 간다. 1975년 『열녀춘향수절가』가 홍상규에 의해 일본에 번역·출간되었는데, 그때 춘향을 옷을 벗겨서 일본에 상륙시켰다는 비판이 나오기도 했다.

그런데 『춘향전』의 성 묘사를 부정적으로만 보지 않는 연구도 있다. 일본문학 연구자로 한국문학과의 비교 연구에 관심이 높은 소메야 도모유키(染谷智幸) 교수는 『춘향전』이 그리는 성과 사랑을 “밝은 성의 세계”라고 말한 바 있다.[60] 성은 금기시되고 은밀하며 어두운 것으로 그려지는 경우가 많은데 『춘향전』에서는 아무 거리낌 없이 자연스럽고 밝고 환하게 그려졌다는 것이다. 『춘향전』의 에로티시즘을 가장 적나라하게 보여 주는 부분은 이도령과 춘향이 만나서 노는 장면이다. 십 대 중반의 어린 이도령과 춘향은 경판 30장본에서는 〈글자타령〉 등을 부르며 놀고 완판본 『열녀춘향수절가』 같은 데서는 〈사랑가〉를 부르기도 하는데, 젊고 싱그러운 그들의 사랑놀음은 나이가 어리다 하여 어색하지도 않다. 널리 알려진 〈사랑가〉를 들어보자.

니가 무엇을 먹으려느냐
시금털털 개살구 작은 이도령 서는데 먹으려느냐
아니 그것도 나는 싫소
그러면 무엇을 먹으려느냐
당동지지루 하니 왜가지 단참외 먹으려느냐
아니 그것도 나는 싫어

아메도 내 사랑아
포도를 주랴 앵두를 주랴 귤병사탕의 회화당을 주랴
아메도 내 사랑

저리 가거라 뒤태를 보자
이리 오너라 앞태를 보자
아장아장 걸어라 걷는 태를 보자
방긋 웃어라 잇속을 보자
아메도 내 사랑아

이도령이 춘향에게 무엇을 먹겠느냐고 한다. 그러면서 신 개살구가 어떠냐고 한다. 임신을 해서 입덧을 할 때 신맛을 찾는 일이 많으니, 둘이 맺은 관계로 인해 임신을 하지 않았을까 놀리는 것이다. 춘향은 수줍은 듯 거절하고, 이도령은 다른 음식을 권한다. "당동지지루 하니"가 무슨 뜻인지 분명하지 않지만, 문맥으로 볼 때 '마땅치 않으니' 정도의 의미인 듯하다. 이번에는 단맛의 과일을 권하는데 역시 춘향이 거절한다. 이렇게 주거니 받거니 하면서 서로의 사랑을 확인한다.

이도령과 춘향의 사랑 장면은 물론 신분 차이에서 기인한 상하 권력관계를 근간에 깔고 있지만, 드러난 양상은 권력관계를 이용한 강압보다는 상호 존중에 기초한 자발성을 보여 주고 있다. 춘향은 기생인데도 한 여성으로서 온당한 대우를 당당히 요구했고 이도령이 이를 받아들였다. 이렇게 성사된 사랑이기에 여기에는 억눌리거나 어두운 느낌이 없다. 서로를 인정하고 허락하며 화락하는 밝은 성의 세계가 그려진 것이다. 전적으로 권력관계에 의한 강압으로 성적 욕구를 이루려는 음험한 세계가 그려진 신관사또와 춘향의 관계와는 정반대다.

이도령과 신관사또 사이에 위치한 또 하나의 성애 세계가 있으니 이는 허봉사가 보여 준다. 감옥에 갇힌 춘향은 자신이 꾼 이상한 꿈의 해몽을 듣기 위해 근처를 지나가는 허봉사를 부르는데, 허봉사는 매를 맞고 몸이 상한 채 칼을 쓰고 감옥에 갇혀 있는 가련한 춘향을 보고도 자신의 욕정을 채우려고 슬쩍 희롱을 한다. 동정하면서 상처를 만져 보겠다며 필요치 않은 곳을 더듬는 것이다. 춘향은 불쾌한데도 허봉사의 손길을 바로 뿌리치지 못한다. 아버지의 친구이니 상대를 기분 나쁘게 하고 싶지도 않았지만 혹 점을 일부러 잘못 봐주면 어쩌나 하는 걱정 때문이다. 춘향은 허봉사와 자기의 관계를 환기시키면서 허봉사가 더 심한 일을 못 하게 하는데, 허봉사도 사태를 알아차리고 얼른 그만둔다.

『춘향전』이 향유되던 조선 후기는 성희롱과 성폭행이 일상적으로 일어나는 세상이었다. 이에 대해서는 19세기 말, 20세기 초 서양인들의 여행기 등에서 곧잘 찾아볼 수 있는데, 샤를 달레의 『한국천주교회사』(1874)에는 여성들이 골목에서 남자만 만나면 아무 집으로나 들어간다면서 강간을 피하기 위해서라고 했다. 그래서 신부들은 여성 신자들에게 남자들에게 강간을 당할 상황이 되면 내가 당신 딸이라고 말하라고 가르쳤다고 한다. 19세기 말 한 개신교 선교사는 처음엔 여성들이 자기만 보면 집으로 들어가는 모습을 보고 이상하게 여겼는데 나중에 그들의 행동을 이해했다고 한다. 여성들이 강간을 피하기 위해 아무 집으로든 들어가거나 들어가는 시늉을 했다는 것이다.

『춘향전』은 신분제를 배경으로 삼고 있으며 남녀 차별적 사상과 남성 중심적 시각이 지배적인 시대의 산물이다. 이념적으로는 엄격한 남녀유별을 말하면서도 실제로는 폭력적 성관계가 널리 퍼진 사회에서 배출된 작품이기도 하다. 차별이 지배 이념으로 뒷받침되고 강요와 억압이 일상화한 사회를 배경으로 해서 나온 작품이니 작품 구석구석에 흔적이 남아 있지만, 이런 배경을 감안하고 보면 『춘향전』은 특별한 위치에 있다. 수평적 권력관계가 아니라 신분에 의해 또 성에 의해 한쪽으로 완전히 기울어진 관계이기에, 이도령은 춘향을 오라 가라 하고 일어나라 앉아라 하며 명령하고 춘향은 그 불평등을 기꺼이 받아들이지만, 그런 한계에도 불구하고 『춘향전』이 그리는 밝은 성의 세계는 불평등한 세상에서 구현될 수 있는 최선의 모습이었다. 이도령이 기생과 자신을 근본적으로 대등한 관계라고 여기는지는 알 수 없다. 암행어사 출도 대목에서 기생들에게 춘향을 묶은 밧줄을 이빨로 물어뜯어 끊게 하는 등의 언행을 보면 그렇지 않은 듯하지만, 신관사또처럼 기생을 완전히 다른 종자로 보지는 않는 듯하다. 귀족인 이도령이 천인인 춘향을 진심으로 사랑하는, 신분 차별 사회에서 차별을 기본 조건으로 제시하지 않는 사람이 작품의 중심에 있다는 점에서 일정하게 진보적 의의가 있는 작품인 것이다.

한국 대표 고전이면서 작품의 중심에서 권력과 성의 관계를 다루다 보니, 『춘향전』은 곧잘 페미니즘의 공론장에 소환되었다. 춘향은 유교적 열절의 상징이 되어 영정이 그려지고 사당이 만들어지기도 했지만, 그것은 대개 남성들에 의해 주도된 것일 뿐, 여성들에 의해서는 억압받고 상처받은 여성을 대표하는 존재였다. 백문임은 『춘향의 딸들, 한국 여성의 반쪽짜리 계보학』(2001)을 통해서, 근대 이후 사회·경제·가정적으로 억압받은 한국 여성의 형상을, 영화 등을 통해 변주된 춘향을 출발점으로 삼아 조명했다. 억압받은 한국 여성 모두가 춘향인 것이다.

춘향은 최근 '미투(#MeToo)'로 알려진 성폭력 고발 운동에서도 소환되었다. 『미투의 정치학』(2019)에 실린 한채윤의 「춘향에겐 성적 자기 결정권이 필요했다」는 춘향이 지키려고 한 것은 '정조'가 아니라 '성적 자기 결정권'이라고 하면서, 그것이야말로 모든 여성이 궁극적으로 바라는 바라고 했다.[61] 여성들이 지키려고 한 것은 지배 이념이 설정한 정조와 같은 어떤 대상물이 아니며, 스스로 인격적 주체임을 확인할 수 있는 운명의 결정권이라는 것이다. 성폭력 또는 젠더 폭력이 아직도 중요한 사회 문제인 현실에서 춘향의 딸들은 계속 춘향을 불러내며 질곡을 깨려 노력하고 있다.

페미니즘에서 춘향이 계속 호명되는 것은 단순히 억압받은 존재이기 때문만은 아니다. 춘향에게 저항이 없었다면 불리지 않았을 것이다. 기생이 감히 사또 자제 도령에게 비록 정식 부인으로 받아주지는 않더라도 그에 버금가는 대우를 해달라며 요구하기도 쉽지 않은 일이거니와, 신관사또에게는 수청 요구를 받아들이지 못하겠노라고 목숨을 걸고 저항했다. 기생에게는 정조든 성적 자기 결정권이든 이런 것들이 모두 가당치 않은 것으로 여겨지던 시대에, 기생의 목소리, 그것도 저항의 목소리를 그대로 담은 작품이 『춘향전』이다. 작품의 세세한 부분을 놓고 보면 오늘날 페미니즘에서는 부정적으로 평가되거나 미흡한 부분이 적지 않지만, 당대의 현실 또는 여타의 고전소설과 비교하면 우뚝한 위치에 있다. 『춘향전』과 함께 조선 후기에 가장 널리 읽힌 영웅소설로 꼽히는 『조웅전』에는 주인공이 천정배필이라는 계시를 믿고 장소저를 겁탈하는 장면이 자연스럽게 그려져 있다. 안타깝게도 이 작품에서는 영웅성으로 포장된 조웅의 목소리만 들릴 뿐 여성의 목소리는 전혀 들리지 않는다. 시대적 한계에도 불구하고 하층의 여성이 목소리를 내기 시작하고 그것이 작품의 중심에 놓였다는 점에서 『춘향전』은 과히 말하면 혁명적 의의가 있다고 할 수 있다.

미국의 역사학자 린 헌트는 『춘향전』과 유사한 성격을 지닌 『파멜라』 외에, 같은 작가의 『클라리사』, 그리고 루소의 『신엘로이즈』에서 "이야기에 열정적으로 몰입하는 것을 통해 소설 읽기는 평등과 공감의 감각을 창출해 냈다."라고 했다.[62] 『파멜라』 읽기를 통해 독자들이 하녀에 공감하며 평등의 감각을 높였던 것처럼, 『춘향전』을 통해 하층 여성에 공감했던 것이다. 현재 수준으로는 부족하다고 하겠지만, 당대 수준에서는 사회 소외층의 삶을 이해하면서 결과적으로는 인권의식까지 크게 높였다고 볼 수 있다. 앞으로도 권력과 성에 따른 차별과 억압이 종식되지 않는 한, 『춘향전』은 계속 변주되면서 소환될 것이다.

이본과 표준본

『춘향전』은 판소리, 소설, 연극, 창극, 오페라, 영화 등 다양한 형태로 유통되었다. 그 많은 『춘향전』 중에 어떤 각편을 듣고 보고 읽을 것인가는 개인이 선택할 문제다. 여기서는 고전소설로서 『춘향전』을 읽고자 할 때 어떤 이본을 택할 수 있는지 여러 이본의 특징을 설명하면서 대상 이본을 추천하고자 한다.

종전에 『춘향전』을 대표하는 이본은 단연 『열녀춘향수절가』였다. 초기 연구부터 『열녀춘향수절가』는 사설이 풍부하고 민중의식이 잘 드러나 있다는 점에서 선본으로 선택되었다. 그러나 이본 연구가 심화하면서 이것은 "20세기에 이루어진 것으로 모순·당착이 가장 심히 나타나는 본"으로 판명되었다.[63] 모순과 당착은 판소리적 자질인 부분의 독자성에서 기인한 것이어서 부정적으로만 판단할 수 없는 문제일 수 있지만, 20세기 이후에 만들어졌다면 전근대의 고전문학, 『춘향전』의 원형적 면모를 찾고자

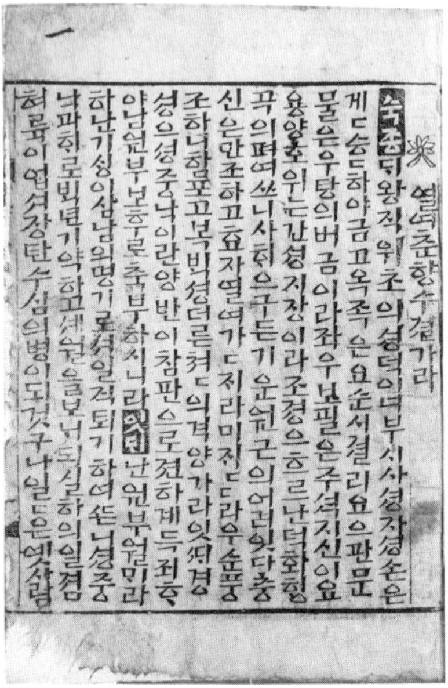

『열녀춘향수절가』 첫 면

할 때는 적당하지 않다.

『열녀춘향수절가』를 보완하는 이본으로 경판 16장본이나 이명선이 소장한 '고본 춘향전'이 선택되기도 했는데, 이 역시 간행이나 필사 시기가 후대이거나 분명치 않다는 문제가 있다. 경판본은 후대로 갈수록 책의 분량이 줄어든다는 것이 학계의 정설인데, 16장본은 20세기 초에 간행된 것으로 선본이 되기 어렵다.

그러다가 1970년대에 이르러 프랑스 파리의 국립동양언어문화대학(INALCO)에 소장된 『남원고사』가 소개되면서 연구의 중심이 상당 부분이 이본으로 옮겨 왔다. '남원의 옛이야기'라는 제목의 『남원고사』는 『열녀춘향수절가』보다 훨씬 풍부한 사설을 갖추었을 뿐만 아니라 1864년부터 1869년 사이 필사되었다는 점에서 제작 시기가 앞선, 훨씬 좋은 이본으로 여겨졌다.

사실 가장 오래된 이본을 고르라고 하면 한문본들부터 거론할 수 있는데, 1754년에 서술된 『만화본 춘향가』 외에, 『춘향신설』은 목태림이 1804년에 창작한 것으로 추정하고,[64] 윤달선의 『광한루악부』 또한 1852년에 창작된 것으로 알려져 있다.[65] 『광한루기』는 1845년 창작설이 있기는 하지만, 19세기 후반 또는 그 이후에 저술되었을 가능성도 제기되어 있다.[66]

한문본은 저술 시기가 한글본들보다 앞서는 것이 많아서 『춘향전』의 초기 서사 양상을 짐작하게 해주지만, 한시의 형태로 옮겨 놓은 축약본이거나 한글본을 번역한 것이기에, 한글문학으로서 『춘향전』의 본모습을 제대로 보여 준다고 말하기 어렵다. 판소리계 소설인 『춘향전』의 독서 대상으로 적절하지 않은 것이다.

이런 점 등을 보면 『남원고사』가 독보적인 가치를 지닌다고 할 수 있는데, 이 이본의 문제는 얼마나 많이 널리 유통되었는가 하는 점이다. 세책본의 형태를 지닌다는 점에서 여타 개인 필사본보다는 널리 유통되었을 수 있지만, 인쇄되어 출판된 이본에 비할 수는 없다. 향유의 관점에서 보면 당대 『춘향전』을 대표하는 이본이라고 말하기 어려운 것이다. 당대 독자층에 널리 읽힌 이본은 목판본이라고 말할 수 있는데, 목판본은 출판지에 따라 서울에서 찍은 경판본과 전주에서 찍은 완판본이 있다. 안성에서 만들어진 안성판본도 있으나 이는 경판본의 아류로 여겨진다. 『열녀춘향수절가』가 완판본이고 경판 16장본이 경판본으로 이미 연구와 번역에 자주 활용되었으나, 이는 후대의 이본임이 밝혀졌다. 완판본에는 33장본, 29장본, 26장본 등이 있으나, 제작 시기나 유통 상황이 분명하지 않고, 경판본은 16장본 외에 17장본, 20장본, 23장본, 30장본, 35장본 등이 있는데,[67] 별도의 계열에 속하는 것으로 판명된 35장본 외에는 모두 30장본을 줄인 것으로 알려져 있다. 35장본은 역사적 배경부터 숙종으로 설정되어 있으며 완판 『열녀춘향수절가』와 비슷한 부분이 적지 않다.

여러 사정을 두루 살펴보면 경판 30장본이 조선 후기 『춘향전』 중 가장 많이 읽히고 널리 영향을 끼친 이본임을 알 수 있는데, 제작 시기도 대략 1850년대 전후로 추정되고 있어서[68] 『남원고사』보다 앞선다고 할 수 있다. 경판 30장본은 이 이본만으로도 이판이 두어 개가 존재한다.[69] 말하자면 거듭 새겨서 찍을 정도로 인기가 높았던 것이다. 더욱이 후대의 축약본에 비해 판소리적 문체의 성격이 강하다는 점도 장점이다.[70] 3만 8천 자 정도의 『열녀춘향수절가』나 10만 자 정도의 『남원고사』에 비하면 경판 30장본의 분량은 2만 4천 자 정도이니 상대적으로 짧다고 할 수 있지만 이 정도만 해도 『춘향전』의 다채로운 모습은 충분히 즐길 수 있다. 『남원고사』의 풍부한 사설 상당 부분은 당시 시중에서 불리던 노랫말을 많이 삽입했기 때문인데, 책의 분량을 늘려서 대여비를 많이 받으려는 세책집의 전략에서 비롯된 면이 있지 않나 생각할 정도로 어떤 면에서는 번다하다고 볼 수도 있다.[71] 이에 비해 경판 30장본은 『춘향전』의 핵심적 화소와 주요한 표현 특징을 거의 포함하고 있을 뿐만 아니라 사용된 언어도 그리 어렵지 않다. 요컨대 경판 30장본은 문학성, 최고성, 대표성, 독서 접근성 등을 두루 갖춘 최고의 이본이라고 말할 수 있다. 일반 독자들이 『춘향전』을 알기 위해 단 한 종만 읽어야 한다면 감히 경판 30장본을 추천할 수 있다.

경판 30장본은 현재 국내에는 한 권도 남아 있지 않고 모두 외국에만 있다. 이는 고전소설 수집의 역사와 관계되는데, 한글소설이 국내에서는 무시되고 천시되어 함부로 다루고 버려지던 시기에, 소설을 통해 한국과 한국어를 알고 배우려 했던 외국인들이 일찍부터 소설을 수집했다. 외국인들은 소설 중에도 한글소설을, 한글소설 중에는 목판본 소설을, 목판본 소설 중에는 경판본 소설을 수집했는데, 외국인들이 주로 서울을 방문했기 때문이기도 하지만 서울말을 표준어로 보고 그것을 배울 수 있는 소설이 경판본이라고 여겼기 때문이다. 경판본 소설 가운데 이른 시기의 것은 대부분 일본, 프랑스 등 외국에 남아 있다. 개항 초기 조선에 온 외국인들에게도 경판 30장본이 가장 좋은 이본으로 여겨진 듯한데, 일본의 도쿄외국어대학, 규슈대학, 고마자와대학, 프랑스 국립동양언어문화대학, 러시아 상트페테르부르크의 동방학연구소, 하버드대학 옌칭연구소 등에 소장되어 있다. 도쿄외국어대학에는 한국어 학습 교재로 사용한 것으로 3책이 남아 있고, 러시아에서는 교육에 활용하기 위해 일찍이 번역·영인본을 출간하기도 했다. 또 최초의 『춘향전』 외국어 번역이라고 할 수 있는 나카라이 도스이의 『계림정화 춘향전(鷄林情話 春香伝)』(1882) 역시 번역 저본은 경판 30장본이었다.

아직 우리 학계에서는 경판 30장본의 중요성이 부각되

지 않았다. 전근대 『춘향전』 가운데 대표적인 이본으로 하나의 준거가 될 수 있는 표준본이라고까지 말할 수 있으나,[72] 『춘향전』 전집이나 일부 번역본에서 다루었을 뿐, 주석조차 제대로 이루어지지 않았다. 온전한 번역이 나오지 않은 것은 물론이다. 본서는 경판 30장본 『춘향전』을 일반인도 쉽게 읽을 수 있도록 주석을 달고 번역했다. 전문 연구자가 아니라면 『춘향전』은 이 정도만 읽어도 좋다고 생각한다. 괜히 무거운 『춘향전』을 이 책 저 책 골라 읽다가 중도에 포기하느니, 이 짧은 『춘향전』을 차분히 때로는 소리를 내어 가며 읽고 또 판소리 〈춘향가〉를 들어 보는 것이 훨씬 좋은 감상이 될 것이다.

주

1 전상욱, 「춘향전을 바라본 낯선 시선 – 초기 번역본을 중심으로」, 『한국어와문화』 20, 숙명여자대학교 한국어문화연구소(2016). 1910년 이전에 이미 6개 국어로 9종이나 번역되었다. 단, 아래 ⑥과 ⑧은 같은 번역자의 것으로 볼 수 있으니 실질적으로는 8종이다.

① 半井桃水, 「鷄林情話 春香傳」, 『大阪朝日新聞』(1882. 6. 25-7. 23).

② Allen, H. N., "Chun Yang, The Faithful Dancing-Girl Wife", *Korean Tales*, New York & London: G. P. Putnam's Sons(1889).

③ Rosny, J. H., *Printemps Parfumé*, Paris: E. Dentu(1892).

④ Arnous, H. G., "Chun Yang Ye, Die Treue Tänzerin", *Korea. Märchen und Legenden*, Leipzig: Verlag von Wilhelm Friedrich(1893 추정).

⑤ Garin-Mixailovskii, N. G., 「사랑」, 『조선설화』(1904)(안상훈 역, 한국학술정보, 2006 재수록).

⑥ 高橋佛焉, 「春香傳」, 『太陽』 12-8(통권 211호), 東京: 博文館(1906. 6).

⑦ 李逸濤, 「春香傳」, 『漢文臺灣日日新報』(1906. 8. 17-8. 22).

⑧ 高橋亨, 「春香傳」, 『朝鮮の物語集附俚諺』, 京城: 日韓書房(1910).

⑨ Tissot, H., 『Nang Xuan Houng(춘향낭자)』, 베트남어 강의 교재(필사본, 1910)(배양수 역, 「베트남판 춘향전의 근원」, 한국공연문학회 편, 『춘향예술의 양식적 분화와 세계성』, 박이정, 2004 재수록).

2 고은지, 「1930년대 대중문화 속의 춘향전의 모던화 양상과 그 의미 – 만화 모던 춘향전을 중심으로」, 『민족문학사연구』 34, 민족문학사학회(2007), 277-279쪽; 배연형, 「일축소리반연구」 1, 『한국음반학 1』, 한

국고음반연구회(1991).

3 서재길, 『한국 근대 방송문예 연구』, 서울대학교박사학위논문(2007), 2쪽.

4 서재길, 「1930년대 후반 라디오 예술과 전통의 문제」, 『한중인문학연구』 28, 한중인문과학연구회(2008).

5 민병욱, 『춘향전 공연 텍스트와 공연 미학』, 역락(2011), 49-53쪽. 「신파극 춘향전 공연 연보」 참조.

6 백문임, 「영화 〈성춘향〉과 전후의 여성상」, 『춘향전 연구의 과제와 방향』, 국학자료원(2003), 455쪽.

7 고은지, 앞의 글; Kyong-Mi Danyel Kwon, "The Billboards of Modern Nation and the Visual Adaptation of The Tale of Chunhyang in Colonial Korea", 『비교한국학』 21-2, 국제비교한국학회(2013); 류종렬, 「일제 말기 이주홍의 만문만화 연구(2)」, 『한국문학논총』 76, 한국문학회(2017).

8 국사편찬위원회 한국사 데이터베이스 및 『조선일보』 홈페이지 검색.

9 김태준의 논문은 『증보 조선소설사』(1939)에 그대로 실렸다. 책에는 '갑오××'으로 복자로 처리된 부분이 그냥 생략되어 있다.

10 조윤제, 「춘향전 이본고」(1, 2), 『진단학보』 11 및 12, 진단학회(1939 및 1940).

11 조운, 「신오위장연구」, 『신생』 2-1(1929)(『조운문학전집』, 소명출판, 2018 재수록); 이병기, 「토별가와 신오위장」, 『문장』 2-5(1940. 5)(이경애, 「가람 이병기의 판소리 문학 연구」, 『판소리연구』, 2015 재수록).

12 최철·설성경 엮음, 『설화·소설의 연구』, 정음사(1984)에 권덕규, 「춘향전 모델」, 『신조선』 3(1932); 송석하, 「倡調劇 춘향전 소론」, 『극예술』 5(1936. 9); 유치진, 「춘향전 각색에 대하여」, 『극예술』 5(1936. 9); 서두수, 「妄論 춘향가·춘향전」, 『문장』 1-3(1939) 등을 싣고 있다.

13 이지영, 「일제강점기 고소설의 '고전' 형성 맥락」, 『고소설연구』 38, 한국고소설학회(2014).

14 이광수, 「조선문학의 개념」, 『신생』 2-1(1929).

15 노경희, 「경성제대 일본인 교수와 조선인 학생의 춘향전 읽기-아카데

미아의 춘향전 근대적 연구의 시작」, 『고전문학연구』 52, 한국고전문학회(2017).

16 강상순, 「고전소설의 근대적 재인식과 정전화 과정」, 『민족문화논총』 55, 고려대학교 민족문화연구원(2011)은 한국인의 자발적인 '조선학'과 일본 쪽에서 기획한 '조선연구'가 길항하며 성장했다고 보았다.

17 허재영, 『일제강점기 교과서 정책과 조선어과 교과서』, 경진(2009) 및 허재영, 「일제강점기 조선학에 대한 관심과 제4차 교육령기의 조선적인 교과서 연구」, 『한국민족문화』 62, 부산대학교 한국민족문화연구소(2017).

18 김동욱, 『증보 춘향전 연구』, 연세대학교출판부(1976), 158쪽.

19 설성경, 『춘향전의 비밀』, 서울대학교출판부(2001), 19-20쪽.

20 『대동야승』 8, 민족문화추진회(1972), 8쪽.

21 민영규, 「춘향전 오칙」, 『강화학 최후의 광경』, 우반(1994, 원글은 1942-1962), 123쪽. 『오륜전비』 제3권 16단(段)의 시작부에 인용한 시가 나온다.

22 신태현 저, 이복규·김기서 역, 「춘향전 상연을 보고」, 『춘향전 연구의 과제와 방향』, 국학자료원(2003); 서동주, 「1938년 일본어연극 춘향전의 조선 귀환과 제국일본의 조선 붐」, 『동아시아고대학』 30, 동아시아고대학회(2014). 신태현은 조선총독부 문서과 직원으로, 앞의 글은 총독부 잡지인 『조선』 283호(1938. 12)에 일본어로 실린 것이다.

23 조재삼, 「춘양타영」, 『송남잡지』 권10(서울대학교 규장각한국학연구원 소장, 동서문화원, 1987 영인). 김종철, 「춘향전의 근원 설화」, 『춘향전 어떻게 읽을 것인가』, 박이정(1993)에 종전 논의들이 잘 정리되어 있다.

24 정노식 저, 정병헌 교주, 『교주 조선창극사』, 태학사(2015, 원저는 1940), 59쪽.

25 李廷立(1556-1595)의 『溪隱遺稿』 「次金御史義元贈玉生香韻」에 기생 玉生香과 金義元(1558-1606)의 일이 서술되어 있는데, 황해도 안악으로 부형의 임지를 따라간 김의원이 그곳에서 옥생향을 만나 사랑을 나누고, 나중에 김의원이 어사가 되어 다시 옥생향을 만났다는 이야기

다. 김의원은 선행연구에서 이도령의 모델로 거론된 적 없는데, 이종묵 선생께서 자료를 소개해 주셨다.

26 성섭 저, 장유승·부유섭·백승호 역, 『필원산어』, 성균관대학교출판부(2019), 207-208쪽.

27 「기생 경춘 이야기」(『매산집(梅山集)』)에 대해서는 이종묵 선생께 들었다.

28 정하영, 「춘향전의 주제」, 『춘향전의 탐구』, 집문당(2003). 이 책에는 이 글과 함께 「춘향의 항거와 그 의미」가 실려 있는데, 각각 1986년과 1985년에 발표된 글로 주제론과 연관되는 것이다.

29 김우종, 「항거 없는 성춘향」, 『현대문학』 1957년 6월호, 219쪽 및 213쪽.

30 오수창, 『춘향전, 역사학자의 토론과 해석』, 그물(2020)에서는 언급한 연구들을 비롯하여 최근 연구 동향까지 잘 정리했다.

31 박희병, 「춘향전의 역사적 성격 분석」, 『한국고전소설 연구의 방법적 지평』, 알렙(2019, 원글은 1985), 436-438쪽.

32 장경학, 「춘향전의 법률학적 접근(하)」, 『사상계』 9(1954), 100-101쪽; 김동욱, 앞의 책, 42쪽.

33 김영민, 「정치사상 텍스트로서 춘향전」, 『한국정치학회보』 41-4, 한국정치학회(2007).

34 조동일, 『한국문학통사 3(제4판)』, 지식산업사(2005), 593쪽.

35 이상택, 「춘향전의 인물성격과 작품갈등」, 『한국고전소설의 이론』, 새문사(2003). 이 글은 1966년에 발표된 「춘향전연구—춘향의 성격 분석을 중심으로」, 서울대학교석사학위논문을 수정한 것이다.

36 정하영, 「춘향의 항거와 그 의미」, 앞의 책.

37 테리 이글턴 저, 김명환 외 역, 『문학이론입문』, 창비(1986, 원저는 1983)의 제2장 「현상학·해석학·수용이론」을 정리했다.

38 프레드릭 제임슨 저, 이경덕·서강목 역, 『정치적 무의식—사회적으로 상징적인 행위로서의 서사』, 민음사(2015, 원저는 1981), 130쪽.

39 이지영, 「춘향전의 가치에 대한 비판적 검토」, 『고전문학연구』 44, 한국고전문학회(2013)에서 이도령을 중심으로 하여 『춘향전』을 읽을 것을 제안한 바 있다.

40 아래 기생에 대한 내용은 별도의 언급이 없는 한 졸저 『나는 기생이다』, 문학동네(2007)에 실린 것이다. 종전 기생에 대한 논의는 대부분 야담이나 역사 기록 등 남성적 시각에 기반을 둔 자료에 의한 것이어서 기생 자신의 시각을 보여 주지 못했는데, 이 책은 『소수록』 등 기생의 목소리 또는 시각이 담긴 자료들을 이용하여 종전과 완전히 다른 논의를 전개할 수 있었다.

41 정병설, 「고관의 첩이 된 기생: 정주마마실적에 대하여」, 『문헌과해석』 83, 태학사(2018).

42 『영조실록』 1769년 4월 17일 조.

43 나합과 그가 뺨을 때린 소문에 대해서는 박제형, 『근세조선정감』, 중앙당(1886) 참조.

44 「경성백승」, 『동아일보』(1924년 연재)(강명관 풀어엮음, 『사라진 서울』, 푸른역사(2009), 280쪽 재수록).

45 신두환, 「기생 초월의 상소문 연구」, 『한문학보』 31, 우리한문학회(2014).

46 『파멜라』의 한국어 번역자 장은명 또한 『파멜라』가 『춘향전』과 비슷하다고 느꼈다고 말했다. 새뮤얼 리처드슨 저, 장은명 역, 『파멜라』, 문학과지성사(2008, 원저는 1740), 516쪽.

47 17세기 스페인의 대표적 극작가인 로페 데 베가의 희곡 『왕이 곧 가장 훌륭한 심판관』, 『페리바네스와 오카냐의 기사단장』과 『춘향전』을 비교한 연구도 있는데(윤용욱, 「춘향전과 로뻬 데 베가의 연극에 반영된 여성의 명예와 정조의 문제에 대한 비교 연구」, 『스페인어문학』 60, 한국스페인어문학회(2011), 235-236쪽), 권력자가 하층 여인을 빼앗아 차지하려는 이야기라는 점에서 신관사또와 춘향의 관계 같은 관탈민녀형 서사에 해당하나, 여기에는 이도령과 춘향이 보여 준 사랑 같은 것이 없다.

48 이 논문은 김병국, 『한국고전문학의 비평적 이해』, 서울대학교출판부(1995)의 제4장 「희극적 구조로 본 춘향전」과 「춘향전의 인물들」로 수정 게재되었다.

49 노드롭 프라이는 『비평의 해부』(임철규 역, 한길사, 1982, 원저는 1957)

에서 '원형비평 – 신화의 이론'에 한 장을 할애했는데, 문학 장르를 사계에 빗대어 봄에는 희극을, 여름에는 로맨스를, 가을에는 비극을, 겨울에는 아이러니와 풍자를 위치시켰다.

50 역사가의 시각으로 여러 문제를 검토한 연구로 오수창의 앞의 책이 있다. 또 오수창이 번역한 『서수일기』의 해제(박내겸 저, 아카넷, 231-233쪽)에서는 암행어사가 파직까지 한 전례가 없음을 밝히고 있으나, 노혜정, 『조선후기 수령 행정의 실제 – 황윤석의 이재난고를 중심으로』, 혜안(2006), 287쪽에서는 암행어사에 의해 파직된 두 사례를 들고 있다. 이 사례들은 암행어사가 직접 파직 명령을 내렸다기보다 파직 장계를 올렸다는 것으로 보이는데, 현장에서는 이것을 파직 명령을 내린 것과 같은 것으로 여긴 듯하다.

51 이윤석, 『조선시대 상업출판』, 민속원(2016), 180-185쪽.

52 김병국, 「판소리 서사체와 문어체 소설」, 앞의 책, 183쪽.

53 김종철, 『판소리사 연구』, 역사비평사(1996).

54 이상택, 「조선후기 중인층의 판소리 문학」, 『한국문화』 13, 서울대학교 한국문화연구소(1992)에서 전주대사습이 '전주부 통인청 대사습'에서 시작되었다는 사실 등을 통해 향리와 여항인이 판소리 제작과 향유에 적극 개입했음을 확인했다. 이를 구체적인 기록으로 입증한 것은 이훈상의 「조선후기 사회 규범들 간의 갈등과 향리사회의 문화적 대응 – 판소리 홍보전과 중재 문화의 발전」, 『판소리연구』 16, 판소리학회(2003) 등을 비롯한 일련의 연구다.

55 이훈상, 『조선후기의 향리』, 일조각(1990)의 제4장 「향리 집단의 의례화된 반란으로서의 탈춤 연행」에서 종전 탈춤 연행의 주체를 하층 민중이나 상인 등으로 본 견해를 구체적인 기록을 들어 반박한 바 있다.

56 최혜진, 「신재효 판소리 사설에 나타난 관민 의식과 사회적 지향」, 『한국언어문학』 82, 한국언어문학회(2012), 291쪽에서는 "신재효는 관과 민에 대하여 모두 비판적이면서도 옹호하는 양면적인 시각을 가지고 있었다."라고 했고, 이명진, 「19세기 후반 신재효의 자기인식과 소속집단에 대한 희화화」, 『판소리연구』 24, 판소리학회(2007), 264쪽에서는 "신재효가 민중들의 목소리를 담으려는 의도와 향리를 대변하

는 입장을 함께 표현한 것으로 볼 수 있다. 그러나 신재효는 이에 그치지 않고 자신이 속한 향리 사회에 대해서도 거리를 두고 바라보고 그들의 모습을 희화화하였다."고 요약했다. 신재효의 판소리 개작에 한정한 견해이긴 하지만 『춘향전』의 세계관도 그 연장선상에서 설명될 수 있다.

57 조동일, 「흥부전의 양면성」, 『계명논총』 5, 계명대학(1968), 109쪽(이상택·성현경 공편, 『한국고전소설연구』, 새문사(1988) 재수록).

58 최진원, 「춘향전의 합리성과 불합리성」, 『판소리의 이해』, 창작과비평사(1978, 원글은 1965).

59 『동아일보』 1925. 6. 19 및 『조선일보』 1930. 11. 8.

60 정병설 풀고씀, 『조선의 음담패설』, 예옥(2010)에 수록된 소메야 도모유키의 추천사 「조선시대의 음담, '밝은 성'의 세계」 중에서.

61 '성적 자기 결정권'은 1990년 간통죄의 위헌 여부에 대한 헌법소원 재판에서 처음 사용되었고, 형법 제32장 '정조에 관한 죄'가 '강간과 추행의 죄'로 조항의 명칭이 바뀐 것은 1994년의 일이다. 정희진 편, 『미투의 정치학』, 교양인(2019), 131-132쪽.

62 린 헌트 저, 전진성 역, 『인권의 발명』, 돌베개(2009, 원저는 2007), 47쪽.

63 성현경, 「남원고사본 춘향전의 구조와 의미」, 『춘향전 어떻게 읽을 것인가』, 박이정(1993), 356쪽. 전상욱, 「완판 춘향전의 변모 양상과 의미 – 서지적인 특징을 중심으로」, 『판소리연구』 26, 판소리학회(2008), 215쪽에서는 『열녀춘향수절가』 중에 가장 빠른 자료가 1908년에 간행되었다고 했다. 이는 유탁일, 『완판방각소설의 문헌학적 연구』, 학문사(1981), 177쪽에서 1906년으로 본 것과 거의 일치한다.

64 『춘향신설』과 관련하여 강재철이 허호구·강재철 공역, 『춘향신설·현토한문춘향전』, 이회(1998)의 해제에서 종전 김종철(「춘향신설고」, 『다곡이수봉박사정년기념고소설연구논총』, 경인문화사, 1994)의 1804년 목태림 저작설에 대해 의문을 제기한 바 있다. 그러나 정선희, 『19세기 소설 작가 목태림 문학 연구』, 보고사(2005) 등에서는 김종철의 추정을 계속 지지하고 있다.

65 1935년 김태준의 해제 이래 이설이 보이지 않는다. 『광한루악부』에 대

해서는 김영봉 외 역, 「역주 광한루악부」, 『열상고전연구』 24, 열상고전연구회(2006) 참조.

66 성현경, 「광한루기의 비교문학적 연구」, 『광한루기 역주 연구』, 박이정(1997), 164-165쪽에서 19세기 후반에 지어졌을 가능성을 언급하고 있다.

67 이창헌, 『경판방각소설 춘향전과 필사본 남원고사의 독자층에 대한 연구』, 보고사(2004), 45쪽.

68 이창헌, 『경판방각소설 판본 연구』, 태학사(2000), 509쪽 및 565쪽. 경판소설은 후대로 갈수록 한 책당 장 수가 줄어들고, 동시에 한 면에 적힌 글의 줄 수가 늘어나는 경향을 보인다. 간기가 남아 있는 책을 통해 살필 때, 한 책 30장의 분량과 한 면 14행의 줄 수는 간행 시기를 대략 1850년대로 추정하게 한다.

69 전상욱, 「방각본 춘향전의 성립과 변모에 대한 연구」, 연세대학교박사학위논문(2006), 29쪽에 세 판 중 두 판의 관계를 판목의 일부를 사용한 수정판으로 보았다. 그래서 본문에서 두 판으로 볼 수도 있고 세 판으로 볼 수도 있다고 보아 두어 개라고 했다.

70 이지영, 「경판 춘향전의 개작방향에 대한 재론」, 『어문논집』 39-2, 어문학회(2001).

71 윤덕진·임성래, 『노래로 엮은 춘향전, 남원고사의 서사화 방식』, 소명출판(2016), 244쪽에서 『남원고사』를 "당대에 유행하던 가요를 춘향 서사에 적극 활용하여 장형화를 이룬 일종의 가집형 소설과 같은 작품"이라고 했다.

72 정병설, 「경판 30장본 춘향전의 표준본적 성격」, 『판소리연구』 51, 판소리학회(2021)에서 처음 표준본이라는 용어를 개념 규정하고 제안했다.

춘향전 읽기

경판 30장본,
파리 국립동양언어문화대학 소장본

| 일러두기 |

이하의 『춘향전』은 경판 30장본을 완역한 것이다. 파리 국립동양언어문화대학에 소장된 이본을 저본으로 삼아 하버드대학 옌칭연구소 소장 이본으로 교감했으며, 또 경판 16장본, 경판 35장본 외에 남원고사본 등과 비교하여 오류를 바로잡았다. 선행 주석으로 『남원고사』는 이윤석 주석본(『남원고사 원전비평』, 보고사, 2009)을, 경판 16장본은 구자균 주석본(『춘향전』, 민중서관, 1970)을 주로 참조했다. 작품 내 소제목, 괄호 안의 글과 각주는 역자가 단 것이다. 원표기를 그대로 옮긴 원문은 별책(전자책)을 참조하기 바란다.

이도령 소개

화설 우리 조선 인조[1] 임금 때 전라도 남원 부사의 아들 이도령이 나이가 열여섯 살인데, 얼굴은 옥처럼 희고 맑고 풍채는 중국 미남 시인 두목지처럼 훤칠하며 글솜씨는 이태백과 같으니라. 책방에 앉아서 학업을 힘쓰더니, 때는 바야흐로 꽃 피고 버들가지 늘어지는 따뜻한 봄이라. 풀과 나무 등 모든 생물이 생기가 넘치니, 너구리는 늦손자 보고 두꺼비는 새끼를 칠 때라.

---

1 『열녀춘향수절가』 등에는 시대 배경을 숙종 대로 잡고 있다.

봄놀이 장소 찾기

이도령이 봄의 흥취를 이기지 못하여 꽃놀이를 가고자 방자를 불러 분부했다.

"너희 고을[2] 구경처로 어디 어디가 좋은고?"

방자가 여쭈었다.

"평양에는 부벽루, 해주에는 매월당, 진주에는 촉석루, 강릉에는 경포대, 양양에는 낙산사, 고성에는 삼일포, 통천에는 총석정, 삼척에는 죽서루, 평해에는 월송정, 울진에는 망양정, 간성에는 청간정이 좋다 하되, 절승한 경치는 이곳 남원 광한루를 따를 곳이 없기에 팔도에 유명하오니, 저희 고을을 작은 강남[3]이라 일컫나이다."

이도령 말이

"만일 네 말 같을진대 여기가 제일강산(第一江山)인가 싶으니 아무튼 광한루 구경을 준비하도록 하라."

하고 방자놈을 앞세우고 탄탄대로로 마음 심(心) 자 갈

---

2 이도령의 중앙 지배자로서 의식 세계를 보여 준다. 고을 수령의 아들이면서도 그 고을 사람이 아님을 드러내는 것이다.

3 문물이 번성한 중국 양쯔강 남쪽 지방.

지(之) 자 걸음으로[4] 여기 기웃 저기 기웃하며 버들가지 살랑대는 봄바람에 명매기(귀제비)걸음으로 깡충깡충 걸어 광한루에 다다라 뒷짐 지고 배회하며 방자를 불러 말했다.

"악양루 봉황대 풍광과 황학루 고소대 경치[5]가 여기서 더할쏘냐."

방자놈이 속여 여쭈었다.[6]

"경치 이러하니 날씨 맑을 때 갑자기 구름과 안개 잦아지며 종종 신선이 내려와 노나이다."

이도령이 말했다.

"아마도 그럴 것이 분명하다."

---

4 이리로 갔다가 저리로 갔다가 마음대로 주위를 구경하며 걷는다는 뜻.

5 중국 한시문에 나오는 유명한 누정들.

6 서술자는 방자를 약간 낮추어 보는데, 방자가 또 이도령을 놀린다는 점에서는 시점의 위치가 이도령보다 방자에 가깝다고 할 수 있다. 방자는 어리석고 답답한 주인을 놀리는 '꾀쟁이 하인' 설화의 트릭스터형(trickster型) 인물과 상통한다.

춘향의 그네뛰기

이때 마침 오월 오일 단옷날이라. 남원 기생 춘향이 그네를 뛰려고 단장하고 옷을 입을새, 아름다운 뽀얀 얼굴에 여덟 팔(八) 자 모양으로 눈썹을 그리고 분을 바르니, 하얀 치아 붉은 입술은 삼색 복숭아꽃이 아직 다 피지 않아 하룻밤 찬 이슬에 반만 핀 형상이요, 잇몸은 바로 하얀 배꽃이로다. 검은 구름과 같은 흩은머리를 반달 같은 용그림빗으로 아주 썰썰 흘리 빗겨 전반[7]같이 넓게 땋아 자주색 비단의 넓은 댕기로 맵시 있게 묶었구나.

백저포 깨끼적삼, 보라대단 속저고리, 물명주 주장바지, 백방수화주 너른바지,[8] 광월사 겹마기, 남봉항라 대단치마를 잔줄 잡아 떨쳐서 입고, 비단주머니, 삼승버선, 자지상직 수당혜를 날 출(出) 자 모양으로[9] 날렵하게 신고, 앞머리에는 민죽절, 머리 뒤에는 금색 봉황머리비녀, 손에는 옥반지, 귀에는 월기탄(귀걸이)이라.

---

7 전판(剪板), 종이를 자를 때 받치는 용도로 쓰는 넓은 나무판.

8 여성의 단속곳 위에 입는 속옷.

9 신발코 끝이 휘어져 맵시 있는 모양.

노리개는 더욱 좋으니, 이궁전, 대방전, 인물향, 또애향 등을 넣은 향갑이며, 산호수, 밀화가지, 금사오리, 옥장도를 오색당사 실끈을 하여, 훈련대장이나 어영대장이 병부(兵符) 차듯, 남북[10]의 병마절도사가 동개(활통) 차듯 휘드러지게 하고, 만첩청산으로 기엄둥실 올라가며 꽃도 주룩주룩 훑어다가 맑고 맑은 계곡물에 풍덩 띄워도 보며, 두 손으로 시내의 조약돌도 덥석 주워다가 버드나무 사이에 훨훨 던져 꾀꼬리도 날려 보니, 그 아니 좋은 풍경이냐.

더욱 흥에 겨워 깊은 산으로 점점 들어가서, 장장채 긴 그넷줄을 섬섬옥수로 이리저리 갈라 잡고 몸을 날려 올라서서, 한 번 굴러 앞줄이 높고 두 번 굴러 뒤가 높아, 점점 높아 공중에 솟아, 흰 비단버선 두 발길로 활짝 핀 복숭아꽃 늘어진 가지를 툭툭 차니 날리느니 낙화로다. 뒤에 지른 금비녀가 너른 바위 위에 떨어져 쟁그랑쟁그랑하니, 그 아니 좋은 풍경이냐.

---

10 함경도 북청과 경성에 두었던 남과 북의 병영.

춘향을 본 이도령

한창 이리 노닐 적에 이도령이 갑갑함을 풀려고 두루 다니며, 산천도 구경하고 잊은 글귀도 생각하다가, 수풀 사이에 어떤 미인이 그네 뛰는 모습을 문득 보고 심신이 황홀하여, 급히 방자를 불러 말했다.

"저 건너 저것이 무엇인고?"

방자가 여쭈었다.

"어디 무엇이 뵈나이까?"

이도령이 말했다.

"아따, 저기 뵈는 것이 무엇인고? 아마도 선녀가 하강하였는가 보구나."

그제야 방자놈이 여쭈었다.

"봉래산, 방장산, 영주산 같은 삼신산이 아니니, 선녀가 어이 이곳에 있으리이까?"

이도령이 말했다.

"그러면 그 무엇이뇨? 금이야?"

방자가 말했다.

"금은 여수에서 난다고 하였으니 여수가 아닌데 어찌 금이 나리이꼬."

"그러면 옥이니?"

"옥은 곤강에서 난다 하였으니[11] 곤강이 아닌데 옥이 어찌 여기 있으리오."

"그러하면 무엇인고? 해당화냐?"

"명사십리(하얀 모래가 길게 펼쳐진 물가)가 아니니 해당화가 어이 이곳에 있으리오."

"그러하면 귀신이냐?"

"북망산(중국 낙양에 무덤이 많은 곳)이 아니니 귀신이 어이 이곳에 있으리이꼬."

이도령이 화를 내며 말했다.[12]

"그러하면 그 무엇이니?"

방자놈이 그제야 여쭈었다.

"다른 것이 아니오라 본읍 기생 월매 딸 춘향이로소이다."

이도령이 말했다.

"얼싸 좋을시고, 제 근본이 창녀면 한번 구경 못 할쏘

11 금생여수, 옥출곤강은 모두 중국의 한문 기본서인『천자문』에 나오는 말이다.

12 서로 함께 볼 수 있는 곳에 대상이 있으므로 대낮에 나온 화려한 젊은 여인이 기생인 줄 다 알고 있을 것이다. 직접 말하기 불편해서 돌린 것인데 방자가 답을 질질 끌며 말하지 않자 화를 낸 것이다.

냐.[13] 방자야, 네가 불러오너라."

춘향을 부르는 방자

방자놈이 입 쪽 쪼그라진 참나무 허리를 윗동 찍고 아래를 잘라 거꾸로 짚고, 탄탄대로로 진 데는 발을 딛지 아니하고, 이리저리 우두덩 탕탕 걸어가서 헐떡이며, 눈 위로 손을 들어

"춘향아! 춘향아!"

부르니 춘향이 깜짝 놀라 그네에서 뛰어내리며 물었다.[14]

---

13 이도령의 기생에 대한 태도를 잘 볼 수 있다. 기생은 반인반물(半人半物)로 불리는 천인으로 인격적 대접을 받지 못하고 물건으로 취급되었다.

14 경판 30장본에는 다른 이본에서 춘향의 하인으로 나오는 향단이 등장하지 않는다. 경판 30장본에서 춘향은 대비정속하기 전의 기생이니 남녀유별의 예법에 따라 굳이 남성에게 말을 전할 때 중간자가 필요하지 않다. 또 경판 30장본에는 춘향의 아버지에 대한 정보도 없는데, 따라서 춘향의 성도 알 수 없다. 춘향은 나중에 이도령이 서울로 올라간 다음 대비정속한 것으로 되어 있다. 단 대비정속은 신관사또의 수청 요구에 대한 거부의 명분이 될

"그 뉘라서 부르느뇨?"

방자가 말했다.

"큰일 났다, 어서 가자."

바삐 가자 재촉하니, 춘향이 말했다.

"이 몹쓸 아이야, 사람을 그다지 놀라게 하느뇨. 내 그네를 뛰든지 추천을 하든지 대수리? 춘향이니, 사향이니, 계향이니, 강진향이니, 침향이니, 너더러 도련님께 일러 바치라 하더냐."[15]

방자놈이 말했다.

"그넨지 추천인지 은근한 곳에서 할 것이지, 광한루 가까운 요런 똑 바라진 언덕에서 매고 뛰라더냐? 사또 자제 도련님이 산천 경치 구경코자 광한루에 올랐다가 수풀 사이에서 그네 뛰는 네 거동을 보고 성화같이 불러오라는 분부가 지엄하니 아니 가든 못 하리라. 네가 만일 가면, 우리 도련님이 바람둥이니, 네 향기로운 말로 바로 초

뿐, 신관사또는 물론 임금까지 대비정속 후 춘향의 신분은 고려하지 않으며 계속 천한 기생으로 취급한다.

15 춘향은 남원부 기생이니, 같은 남원부에서 일하는 방자와 서로 잘 아는 사이라 할 수 있다. 한곳에서 일하는 대등한 신분이라 이런 문답을 주고받은 것이다.

친 무름[16]을 만든 후에, 비단속곳 가랑이를 슬쩍궁 빼다가 돌돌 말아서 왼편 볼기짝에 붙이면,[17] 남원 것이 다 네 것이 될 것이니, 그 아니 좋을쏘냐."

춘향이 할 수 없어 삼단같이 흩어진 머리 여러 가지 것으로 집어 꼬고, 남봉항라 대단치마를 섬섬옥수로 거두어 맵시 있게 비스듬히 안고, 방자놈을 따라 경사진 길로 내려가는데, 흰 모래마당에 금자라가 기어가듯, 대명전(궁궐 이름) 대들보 위의 명매기걸음으로, 행똥행똥 바삐 걸어 계단 아래에 이르러 문안을 아뢰니, 이도령이 눈꼴이 다 틀리고 정신이 흩어져 두 다리를 잔뜩 꼬고 서서 말했다.

"방자야, 네 하정(下庭)[18]이 말이 되느냐? 바삐 오르게 하라."

---

16 오이무름, 호박무름과 같은 흐물흐물한 반찬들.

17 여성의 속곳 가랑이를 남성의 볼기에 붙인다는 말로 이해된다. 남녀의 은근한 애정 행위를 표현한 것이다.

18 하정배(下庭拜). 아랫사람이 계단 아래에서 하던 절.

이도령과 춘향의 문답

춘향이 마지못하여 마루 위로 올라가 인사하고 앉으니 이도령이 물었다.

"네 나이 몇이며 이름이 무엇이냐?"

춘향이 아리따운 소리로 여쭈었다.

"소녀의 나이는 이팔이오 이름은 춘향이로소이다."

이도령이 웃으며 말했다.

"이팔이 십륙이니 나의 사사 십륙과 정동갑이라, 어찌 반갑지 아니하며, 이름이 춘향이라 하니, 네 모습이 이름과 같도다. 절묘하고 어여쁘다. 달 아래 핀 매화꽃과 어울린 두루미와 같고, 썩은 나무에 앉은 부엉이와도 같고, 줄에 앉은 초록 제비로다."

또 물었다.

"네 생일이 어느 땐고?"

춘향이 여쭈었다.

"소녀의 생일은 하사월 초팔일 자시로소이다."[19]

19 춘향의 생일은 부처의 탄신일과 같다. 춘향이 비록 현세에서는 미천한 기생이지만 전생에는 존귀한 존재였음을 암시한다. 하늘에서 내려온 선녀의 이야기를 그린 적강

이도령이 말했다.

"사월이라 하니 나와 동년 동월이니 천정배필이거니와 다만 생일 생시가 틀리니 그것이 한이로다."[20]

이도령이 춘향을 앞에 앉혀 어르는 형상은 홍문연 잔치에 번쾌가 항우를 미워하여 머리털이 서고 눈이 찢어져서 큰 칼을 빼 들고 검무하는 형상이요,[21] 구룡소의 늙은 용이 깊은 골짜기를 떨치고 올라가 여의주를 얻어 어르는 형상이요, 만첩청산 백액호(白額虎, 늙은 호랑이)가 큰 개 잡아 앞에 놓고 흥에 겨워 어르는 형상이라. 이도령이 자리에 앉아서 어쩌지 못하며 말했다.

"너를 부른 뜻은 다름 아니라 나도 서울서 삼월 봄바람 꽃이 좋을 때와 구월 가을 국화 필 때 밤낮으로 빈 날 없이 기생집에서 좋은 술을 실컷 마시고 절대가인과 인연 맺

서사의 그림자가 엿보이는 부분이다.

20 궁합에서 생년 생월 생일 생시의 이른바 사주가 같으면 천생연분이라고 하니, 이도령과 춘향은 반쯤 천생연분이다.

21 기생 검무의 대표적인 내용으로, 검무를 추며 한나라 고조 유방 쪽과 항우 쪽이 서로를 죽이려고 한 긴박한 역사적 순간을 재연했다. 여기서는 장수의 흥분과 긴장감을 빗대었다.

어 노래와 춤으로 세월을 보냈거니와[22] 오늘 너를 보매 세상 사람이 아니로다. 정신이 황홀하여 방탕한 마음을 이길 수 없구나. 탁문군의 거문고로 월하노인의 인연을 맺어 두고[23] 백년가약을 세세생생으로 누릴까 하여 부른 것이라."

춘향이 이 말을 듣고 눈을 낮추어 여쭈었다.

"소녀의 몸이 비록 창기의 딸이오나 마음은 북극(北極) 하늘 문에 턱을 걸어 남의 첩이 되지 말자 맹세를 하였사오니,[24] 오늘날 도련님 분부가 이러하시나 이는 봉행하지 못할소이다."

이도령이 말했다.

"정식 혼례 절차는 비록 갖추지 못하나 혼인은 착실한 혼인이 될 것이니 잡말 말고 허락하여라."

---

22 작품의 유흥적 분위기를 보여 준다. 현실에서 이렇게 방탕한 어린 선비가 나중에 과거에 장원급제하여 기생과의 의리를 지킨다는 것은 잘 어울리지 않는 일이다.

23 탁문군이 사마상여를 만나 결혼하게 되었다는 중국 고대의 이야기. '월하노인'은 중국 고대 이야기에 나오는 남녀의 인연을 맺어 주는 인물.

24 북극은 하늘 중 가장 높은 곳이다. 기생은 현실적으로 천인의 아내가 되거나 양반이나 부자의 첩이 될 뿐이다. 춘향의 고고한 태도를 보여 준다.

삿갓가마
(김삼불, 『국문학참고도감』, 신학사, 1949)

춘향이 여쭈었다.

"만일 허락한 후에 사또께서 마침내 바뀌시면 도련님은 올라가서 고관대가에 결혼하여 부인과 금슬 좋게 세월을 보내리니 그때 나 같은 천한 첩을 생각하리오. 속절없이 나의 일신은 개밥에 도토리[25] 되리니 아무리 하여도 이 말씀은 시행치 못할소이다."

이에 이도령이 만방으로 설득했다.

"만일 불행하여 사또께서 벼슬을 받아 서울로 올라가실 터이면 너를 설마 버리고 갈쏘냐. 우리 대부인은 작은 삿갓가마[26]에 모실지라도 너는 쌍교자(雙轎子)에 실려 갈 것이니 조금도 염려 말라. 양반이 한 입으로 두말하지 않는 법이니, 바삐 허락하여라."

25 개는 도토리를 먹지 않으므로 개밥에 도토리가 있으면 자연 그것만 남게 된다. 홀로 외롭게 남는 것을 뜻한다.
26 초상 때 상제가 타는 간소한 가마.

불망기

춘향이 여쭈었다.

"그러할진대 먹 찌꺼기는 삭는 일이 없고 관가에서는 문서로 일을 하는 법이니,[27] 혹 때를 놓쳐 약속을 어긴 일이 있으면 훗날 살필 수 있도록 불망기를 하여 주소서."

이도령이 기쁨을 이기지 못하여 예쁜 종이를 펼쳐 놓고 용벼루에 먹을 갈아 황모필에 흠씬 먹물을 묻혀 한 번에 내리쓰니 다음과 같다.

"모년 모월 모일[28] 춘향 앞에 주는 불망기라. 이 불망기는 우연히 산천 구경코자 광한루에 올랐다가 천생배필을 만나매 방탕한 마음을 이기지 못하여 백년가약을 맺기로 약속함이니 이후 만일 약속을 어기는 일이 있거든 이 문서로 관청에다 소송하라."

춘향이 받아 이리 접고 저리 접어 비단주머니에 넣은 후에 또 여쭈었다.

27 모든 일은 문서로 처리해야 오래가고 뒤탈이 없다는 속언이다. 주로 관청 주변에서 하는 말이다.

28 원문서는 당연히 날짜를 특정해서 적었을 것이다. 고전소설에서는 흔히 구체적인 일시를 숨긴다.

"발 없는 말이 천 리를 간다 하오니 만일 이 말이 새어 나가 사또께서 아시면 소녀는 속절없이 죽을 터이오니 부디 삼가소서."

이도령이 말했다.

"사또 어릴 적에 시큰둥하셔(주제넘고 건방져) 기생집으로도 다니셨는지 모르거니와, 각집 통지기 방으로 방귀 냄새를 무수히 맡으러 다니신지라.[29] 이런 일 아신들 관계하랴. 부디 염려 말라."

이렇듯 담소하다가 춘향더러 물었다.

"네 집이 어디뇨?"

춘향이 옥수를 번쩍 들어 대답했다.

"이 산 너머 저 산 너머, 한 모퉁이 두 모퉁이 지나가면, 대나무밭 깊은 곳 돌아 들어가 벽오동나무 서 있는 곳이 소녀의 집이로소이다."

29 양반이 겉으로 보이는 엄정한 태도와 달리 뒤로는 이념의 금기를 깨고 하인들과 동성애를 즐긴다고 놀림으로써 양반의 권위를 무너트리는 부분이다.

상사 풀이

이도령이 춘향을 홀연히 보낸 후 책방으로 돌아와서 정신이 산란하여 진정할 길이 없는지라. 마지못하여 서책을 보려고 펼쳐 놓은즉, 글줄마다 춘향이요 글자마다 춘향이라. 한 자가 두 자 되고, 한 줄이 두 줄이 되어, 모두 춘향이라. 이렇듯 답답하여 이 책 저 책 대문대문 읽었다.

"하늘 천 땅 지 검을 현 누를 황(『천자문』), 천지지간 만물지중에 유인이 최귀하니(『동몽선습』), 천황씨(天皇氏)는 이목덕(以木德)으로 왕(王)하여 세기섭제(歲起攝提)하여 무위이화(無爲而化)하니(『사략』), 이십삼년(二十三年)이라 초명 진대부 위사 조적 한건(初命晉大夫魏斯趙籍韓虔)하여 위제후(爲諸侯)하다(『통감』), 원형이정(元亨利貞)은 천도지상(天道之常)이요 인의예지(仁義禮智)는 인성지강(人性之綱)이니라(『소학』), 대학지도(大學之道)는 재명명덕(在明明德)하며 재신민(在新民)하며 재지어지선(在止於至善)이니라(『대학』), 자왈 학이시습지면 불역열호아(『논어』), 맹자견양혜왕(孟子見梁惠王)하신대 왕왈(王曰) 수불원천리이래(叟不遠千里而來)하시니 역장유이리오국호(亦將有以利吾國乎)이까(『맹자』), 관관저구 재하지주로다 요조숙녀 군자호구로다(『시경』), 왈약계고제요(曰若稽古帝堯)한대(『서경』), 원(元)하고

형(亨)하고 이(利)하고 정(貞)하니라(『주역』)."[30]

읽다가 도중에 이렇게 말했다.

"글을 못 읽겠다. 글자가 다 뒤집혀 보이는구나. 하늘 천 자는 큰 대 자가 되고, 『사략』이 노략이 되고, 『통감』이 곶감 되고, 『논어』가 붕어 되고, 『맹자』가 탱자 되고, 『시전』이 선전(포목상)이 되고, 『서전』이 닷 전(다섯 전의 돈) 되고, 『주역』이 누역(누더기)이 되어, 뵈는 것이 다 춘향이니, 보고지고 칠 년 큰 가뭄에 빗발 보듯 보고지고, 구 년 홍수에 햇빛 보듯 보고지고, 달빛 없는 골방에 불을 켠 듯 보고지고, 관아의 통인 방자 군노 사령 별감 좌수 약정 풍헌이 다 춘향으로 보이고, 온 집안이 다 춘향이라. 이를 어찌하건 말건 보고지고. 잠깐이라도 보고지고."

이리 구르고 저리 구르면서, 소리를 내는 줄 깨닫지 못할 즈음이었다.

30 이도령이 이 책 저 책 한문책의 첫머리를 들추어 보는 장면이다.

밤을 기다리는 이도령

동헌에서 사또가 이 소리를 듣고 통인 불러 분부했다.

"네 바삐 책방에 가서 도련님더러 글은 아니 읽고 무엇을 보고지고 하는지 자세히 알아 오라."

통인이 책방에 가서 이 말을 전하니, 이도령이 말했다.

"다름이 아니라 글을 읽다가 『시경』 칠월 편을 보고지고 하더라 여쭈어라."

그러고는 다시 연이어 보고지고 하다가 방자를 불러 물었다.

"해가 얼마나 갔느냐?"

방자가 하늘을 가리켜 여쭈었다.

"이제야 해가 하늘 중간에 왔나이다."

이도령이 마음속으로 탄식했다.

"어제는 저 날이 누가 뒷덜미를 쳤던지 그리 수이 가더니 오늘은 누가 뒤를 잡아 묶었는지 어이 그리 더디 가는고. 해의 마음 씀씀이가 불량하도다."

이윽고 방자놈이 저녁을 올리거늘 이도령이 말했다.

"밥인지 무엇인지, 해가 얼마나 남았느냐?"

방자가 여쭈었다.

"해가 땅 아래로 떨어지고 달이 동쪽 고개 위로 오르나이다."

이도령이 사또가 동헌에서 불을 끄고 주무시기를 기다렸다가, 몸을 숨겨 가만히 성을 넘어 방자놈을 따라 감돌아 풀돌아[31] 훌쩍 돌아들어 춘향의 집을 찾아가니라.

춘향 집 사설치레

이때 춘향이 세상 고요한 때를 타서 비단창문을 반쯤 열고 벽오동 거문고에 새 줄 얹어 무릎 위에 올려놓고 〈대인난〉 상사곡을 노래하여, 당지덩둥 둥지덩동 당슬갱, 이렇듯 노닐 적에, 이도령이 문밖에서 춘향어미를 부르니, 춘향어미 나와서 본즉 과연 책방 도련님이거늘 아주 놀라는 체하며 말했다.

"이 어인 일이뇨. 사또께서 아시면 우리 모녀 다 죽을지니 바삐 돌아가라."

이도령이 말했다.

"그건 신경 쓰지 않으니 어서 바삐 들어가자."

31 '감다'의 상대어가 '풀다'이니 이를 가지고 대를 맞추었다.

춘향어미가 의뭉줌치[32]라, 속으로 딴마음을 먹고 잠깐 다녀가라 하고 이도령을 앞세우고 들어갈 제,[33] 이도령이 춘향의 집을 차례로 살펴보았다.

사면 팔작지붕에, 입 구(口) 자 모양을 지닌 고주대문(高柱大門)과 안사랑[34]에다 안팎중문, 줄행랑이 즐비하고, 층층 벽장에다 초헌[35]처럼 높은 다락이며, 대청 육 칸, 안방 삼 칸, 건넌방 이 칸, 차방(茶房)[36] 반 칸, 부섭(아궁이방) 한 칸, 내외분합 물림퇴[37]에, 굴도리,[38] 선자(扇子) 추녀, 완자창, 가로닫이며, 부엌 삼 칸, 광 사 칸, 마구 삼 칸이 근검하다. 백능화 도배에 청능화 띠를 띠고, 소란반자에 당유

---

32 의뭉주머니. 겉과 달리 속이 엉큼한 사람.

33 춘향어미는 춘향이 사또 자제의 첩이 되기를 원한다. 첩으로 부귀영화를 누리는 것이 최선의 길이라고 여기기 때문이다.

34 조선시대 양반 가옥은 남성이 사는 사랑채와 여성이 사는 안채로 공간을 구획했다. 안사랑은 안채 쪽이나 거기에 가까운 곳에 별도로 둔 사랑채를 가리키니, 사랑채를 따로 두 개나 두었다는 것은 집의 규모가 큼을 나타낸다.

35 높은 벼슬아치가 타던 외바퀴의 수레.

36 식료품 등 일상용품을 보관하는 방.

37 작은 툇마루.

38 서까래를 받치기 위해 기둥과 기둥 사이에 얹는 단면이 원형인 나무. 주로 궁전 등 큰 집에 사용된다.

지, 굽도리[39]에 서화, 부벽,[40] 입춘서[41]가 분명하다.

동쪽 벽에는 진나라 처사 도연명이 팽택 현령 벼슬 마다하고 추강에 배를 띄워 청풍명월에 흘리 저어 고향 심양으로 향하는 풍경을 그렸고, 서쪽 벽에는 삼국에 풍진이 요란할 때 한나라 왕족 유현덕이 적로마(的盧馬)를 바삐 몰아 남양 초당 풍설 중에 와룡선생을 보려고 지성(至誠)으로 가는 형상을 그렸고, 남쪽 벽에는 강태공이 백육십 살 생애 중에 앞의 팔십 년 곤궁하여 위수 가에 갈삿갓 숙여 쓰고 줄 없는 낚싯대를 물 위에 던져 두고 주나라 문왕을 기다리는 풍경을 그렸고, 동쪽 벽에는 육관대사의 제자 성진이 팔선녀를 만나 육환장을 흰 구름 사이에 던지고 합장하는 형상을 그렸고,[42] 해학반도 십장생을 분명히 그

39 그냥 '굽도리'는 방 안 벽의 밑부분 곧 바닥과 연결된 부분이다. 여기서는 천장 굽도리 곧 반자돌림대를 가리킨다고 보는 것이 적당하다. '반자돌림대'는 반자의 가장자리 벽과 천장의 접속 면을 가리킨다.

40 벽에 글을 써서 붙인 것.

41 겨울을 보내고 봄을 맞아 기둥이나 문 위에 짧은 어구를 써서 붙인 것.

42 동-서-남의 방위로 그림을 소개하다가 다시 북이 아니라 동벽이 되풀이되는 것이 이상하다. 선행 저본에 있던 것을 간추려 제시하면서 일어난 현상으로 짐작한다.

려 횡축(가로 족자)으로 붙여 두었다.

부엌문에 문신호령(門神戶靈) 가금불상(呵噤不祥)이요, 광문에 개문만복래(開門萬福來) 소지황금출(掃地黃金出)이요, 전후좌우에 원득삼산불로초(願得三山不老草) 배헌고당백발친(拜獻高堂白髮親) 또 부모천년수(父母千年壽) 자손만세영(子孫萬歲榮)이라 써서 붙였고, 중문에는 우순풍조(雨順風調) 시화세풍(時和歲豊)이요, 대문에는 국태민안(國泰民安) 가급인족(家給人足)이요, 울지경덕 진숙보를 분명히 그려 붙여 두고, 춘도문전증부귀(春到門前增富貴)를 문 위에 갈라 붙였다.

뒷동산에 산정(山亭) 짓고 앞마당에 연못을 둥그스름하게 지어 두고, 숙석(熟石, 다듬은 돌)으로 면을 맞추어 층층계를 쌓아 두고, 쌍쌍 비오리 징경이(물수리)며 대접 같은 금붕어는 물 위에 둥실 떠서 이리로 출렁이며, 갖은 화초 다 피었는데, 동편에는 대설백(大雪白, 국화의 일종), 서에는 백학령(白鶴翎, 국화의 일종), 남에는 홍학령(紅鶴翎), 북에는 금사오죽(金絲烏竹), 가운데 황학령(黃鶴翎)이, 어여쁠사 산국화는 좌우에 벌여 있고, 노송 반송 월사계와 왜철쭉 진달래 맨드라미, 인물 일색 봉선화, 왜석류 들쭉 종려 모란 작약 치자 동백이며, 키[43] 같은 파초잎과 춘매 동매 분도(盆桃) 포도 영산홍과 원추리 구기자는 흐드러져 굽이굽이 얽혀 있다.

집물치레 볼작시면, 쇄금 들미장[44], 좋은 머리장이며, 자개함롱 반다지 왜경대 가께수리[45], 계자(鷄子, 닭) 다리 옷걸이며, 철침, 퇴침(退枕), 벼룻집, 피행담(皮行擔, 가죽으로 만든 여행용 상자)과 쌍룡 그린 빗접고비(빗접 걸이), 용두머리 장목비(빗자루)며, 청동화로, 전대야,[46] 놋촛대며, 광명두(光明頭)[47]를 여기저기 벌여 놓고, 벽오동 거문고에 새 줄 얹어 세워 놓고, 샛별 같은 요강 타구 발치발치 던져 두고, 이층장 삼층탁자 귀목뒤주[48] 당화기(唐畫器, 중국그림 그린 그릇)며, 동래기명(東萊器皿),[49] 실굽달이[50] 좌우에 즈렁즈렁 벌였는지라.

춘향이 계단 아래로 바삐 내려가 옥수로 이도령 손을 잡고 방으로 들어가 좌정한 후에, 이도령이 방치레를 살펴보니, 대병풍에 곽분양의 행락도며, 중병풍에 왕희지 난정연이며, 호렵도 곡병을 둘러치고, 돌돌 말아 봉족자며,

---

43 곡물의 껍질, 티끌 등을 골라내는 데 쓰는 큰 부채와 같은 기구.

44 문을 들어 올려 열도록 만든 자물쇠가 달린 장.

45 여닫이문 안에 여러 개의 서랍을 넣어 둔 장.

46 위쪽에 평평한 날개를 달아 둔 대야.

47 등잔걸이.

48 느티나무로 만든 뒤주.

49 부산 동래에서 난 그릇. 동래반상.

50 밑바닥에 따로 받침이 둘러 있는 그릇.

원앙금침 잣베개[51] 자지(紫的, 자주빛)천의(薦衣)[52] 더욱 좋다.

춘향이 주안상을 갖추어 은근히 들이니 갖은 음식이 풍성한지라. 팔모접시 대모반[53]에, 대양푼에 갈비찜, 소양푼에 제육초(猪肉炒, 돼지고기볶음), 두 귀 발쪽 송편이며, 먹기 좋은 꿀설기, 보기 좋은 화전 산승(꿀을 넣고 지진 떡) 송기 조악 웃기로 고아서 놓고,[54] 청술레 황술레 배에다, 깎은 생률, 접은 준시(蹲柹, 납작한 곶감)로다. 봉전복(鳳全鰒, 큰 전복) 염통산적 양볶이며, 찍찍 푸드덕 생치에 이어 연계찜 곁들여 놓고, 청포도 흑포도 머루 다래 유자 감자(귤) 능금 석류 참외 수박 실백자(實柏子) 개암 비자 초장 겨자 생청을 틈틈이 끼워 놓고, 각색 술병 곁에 놓았으되, 꽃 그린 왜화병, 황색 유리병, 푸른 바다 위의 거북병, 목 긴 거위병, 이태백의 포도주, 도연명의 국화주, 마고선녀 천일주, 산중처사 송엽주, 일년주, 계당주,[55] 백화주, 이강고, 감홍로, 자

---

51 양쪽 마구리가 잣 모양으로 된 베개.

52 서민층 여인들이 외출할 때 쓰던 쓰개의 하나로 처네라고 한다.

53 음식을 담아 나르는 큰 나무 그릇.

54 '산승', '송기', '조악'은 모두 떡으로, 모양을 내기 위해 떡을 쌓아 웃기로 얹었다는 말이다.

55 계피와 당귀를 넣어 만든 술.

소주, 황소주를 앵무배 노자작(鸕鷀杓)[56]에 가득 부어 이도령께 전할 적에 권주가를 불렀다.

권주가

"잡으시오. 잡으시오. 이 술 한 잔 잡으시오. 이 술 한 잔 잡으시면 천만년이나 사오리이다. 이 술이 술이 아니오라 한무제 승로반에 이슬 받은 것이오니 쓰나 다나 잡으시오. 제 것 두고 못 먹으면 왕장군의 창고지기로다.[57] 한 번 돌아가면 뉘 한 잔 먹자 하리. 살았을 제 이리 노새. 상사하던 우리 낭군 꿈 가운데 잠깐 만나 만단정회 다 못하여 날이 장차 밝는구나."

---

56 가마우지 모양으로 된 술을 푸는 데 쓰는 술구기.

57 『송남잡지』 권9에 『전등신화』에 나오는 표현인데 지금은 '수전노'를 가리킨다고 했다. 또 왕발(王勃)의 「등왕각서(滕王閣序)」에, "자전과 청상은 왕장군의 창고이다(紫電青霜, 王將軍之庫)"라는 말이 있다. 자전과 청상은 모두 보검이니 왕장군의 창고는 보물이 가득한 곳인 셈이다. 왕장군이 누구인지는 여러 설이 있으나 분명하지 않으며, 여기서는 기회를 가지고도 쓰지 못하는 사람을 가리킨다.

이도령이 술이 반취하매 춘향더러 무슨 소리를 다하여 즐거운 흥을 도우라 하니 춘향이 잡소리를 했다.

"초당 뒤에 앉아 우는 솥적다새(소쩍새)야. 암솥적다 우는 새냐. 수솥적다 우는 새냐. 공산이 어디 없어 이 객창에 와 앉아 우느냐. 저 솥적다새야, 공산이 많고 많은데 울 데 달라 우느냐."

이도령이 술을 연하여 부어 실컷 취하도록 먹은 후에 횡설수설 중언부언하며 온 가지로 따지며 말할 제, 북두칠성이 이미 앵돌아졌는지라. 춘향이 마음에 부끄러이 여겨 말했다.

"이미 월락야심하였으니 그만 자셔이다."

글자타령

이도령이 좋다 하고 춘향더러 먼저 벗고 누우라 하니 춘향은 이도령더러 먼저 누우라 하며 서로 다툴 제 이도령이 말했다.

"내 아무리 취중이나 그저 자기 무미하니 글자타령 하여 보자."

합환주(술잔을 바꾸어 마시는 것)를 부어 서로 먹은 후에 이도령이 글자를 모았다.

"우리 둘이 만났으니 만날 봉(逢) 자 비점이요, 우리 둘이 마주 섰으니 좋을 호(好) 자 비점이요, 백년가약 맺었으니 즐길 낙(樂) 자 비점이요, 월침침야삼경(月沈沈夜三更)[58]에 둘이 벗으니 벗을 탈(脫) 자 비점이요, 금일 침상 즐거우니 잘 침(寢) 자 비점이요, 한 베개를 둘이 베고 누웠으니 누울 와(臥) 자 비점이요, 두 몸이 한 몸 되어 안고 틀어졌으니 안을 포(抱) 자 관주요, 두 입이 마주 닿았으니 법칙 여(呂) 자 관주요, 네 아래 굽어보니 오목 요(凹) 자 관주요, 내 아래 굽어보니 내밀 철(凸) 자 관주로다."[59]

남대문이 개구멍이요, 인정이 매방울이요, 선혜청이 닷 푼이요, 호조가 서 푼이요, 하늘이 돈짝만 하고 땅이 맴돈다.[60] 흥에 겨워 놀 적에 이도령이 춘향더러 말했다.

---

58 달도 숨은 한밤중에. 혜원 신윤복의 유명한 그림 〈월하정인(月下情人)〉의 화제(畫題)로도 잘 알려진 구절이다.

59 '비점'과 '관주'는 한문 시문에 잘되거나 중요한 부분에 점을 찍거나 동그라미를 그려 표시하는 방법이다.

60 술을 마셔 취한 상태를 표현했다. 서울을 대표하는 남대문과 종로에서 통행금지를 알리는 종이 각각 개구멍과 매방울처럼 작게 보이고 조선의 경제를 쥐고 흔드는 선혜청과 호조가 푼돈을 만지는 곳처럼 만만해 보인다고 했다. 선혜청은 대동법을 관장한 국세청과 같은 기관이

"우리 둘이 인연이 지중하여 서로 만났으니 인 자 타령하여 보자."

하고 먼저 인 자를 모았으니

○ 임하하증견일인(林下何曾見一人)
○ 월명고루유여인(月明高樓有女人)
○ 금일번성송고인(今日翻成送故人)
○ 비입궁장불견인(飛入宮牆不見人)
○ 천리타향봉고인(千里他鄕逢故人)
○ 양류청청도수인(楊柳靑靑渡水人)
○ 불견낙교인(不見洛橋人)
○ 풍설야귀인(風雪夜歸人)
○ 귀인 병인 걸인 노인 소인 등 인으로 인연하여 양인이 혼인하매 증인 되니 즐겁기도 그지없다.

춘향이 말했다.

"도련님은 인 자를 달았으니 나는 년 자를 달아 보사

고 호조는 국가재정을 담당한 기관이다. 서울 여항인의 세계관을 잘 보여 주는 구절이다.

이다."

하고 년 자를 모았으되

○ 우락중분미백년(憂樂中分未百年)

○ 호기장구오륙년(胡騎長驅五六年)

○ 인노증무갱소년(人老曾無更少年)

○ 상빈명조우일년(霜鬢明朝又一年)

○ 적막강산금백년(寂寞江山今百年)

○ 함양유협다소년(咸陽遊俠多少年)

○ 경세우경년(經歲又經年)

○ 한진부지년(寒盡不知年)

○ 일 년 십 년 백 년 천 년 거년 금년 우리 둘이 우연히 결연하여 백 년을 인연하니 백 년이 적년(適年, 죽을 때)이라.

이도령이 말했다.

"양인 다정하니 천만세를 기약이라. 너는 죽어 새가 되어, 난봉 공작 원앙 비취 앵무 두견 접동 다 버리고, 한 쌍 청조(青鳥)라 하는 새가 되고,[61] 나는 죽어 물이 되되 황하수 폭포수 구곡수 다 버리고, 음양수(陰陽水)[62]라 하는 물이 되어 주야장천(晝夜長川) 물에 떠서 둥실둥실 놀자꾸나. 너는 강원도 회양 김성(金城)[63]으로 들어가서 오리나무가 되고, 나는 삼사월 칡넝쿨이 되어, 밑에서 끝까지, 끝에서 밑까지, 나무끝끝들이 한 곳도 빈틈없이, 휘휘츤츤 감겨 있어 일생 풀리지 말자꾸나."[64]

이렇듯 즐기다가 날이 새면 몸을 숨겨 책방으로 돌아오고 어두우면 천방지방 달려가서 놀고, 매양 자취 없이 다니기를 여러 날이 되었더라.

---

61 '청조' 곧 파랑새는 중국 고대 전설에서 선녀인 서왕모의 소식을 알려 주는 새다.

62 뜨거운 물과 찬물을 합한 것. 여기서 음양은 여성과 남성을 가리킨다.

63 금강산 부근의 두 군인 회양군과 김화군. 『남원고사』에는 '강릉 삼척'으로 나와 있다.

64 이 부분은 『해동가요』 등에 이정보의 작품으로 전하는 다음 사설시조와 흡사하다. "임은 회양 금성의 오리나무 되고 나는 삼사월 칡넝쿨 되어, 그 나무 그 칡이 납거미가 나비 감듯, 이리로 츤츤 저리로 츤츤, 한 줄로 풀리며 바로 감아, 얽어지고 풀어지니, 밑부터 끝까지 조금도 빈틈없이, 찬찬 굽이지게 휘휘 감겨, 밤낮으로 뒤틀어져 감겨 있어, 동짓달 바람비 눈서리를 아무리 맞은들 떨어질 줄 있으랴."

이별

이때 남원 부사가 백성을 사랑하고 잘 다스린다는 것을 임금이 들으시고 품계를 올려 호조 판서를 내려 부르시는 문서가 내려오니 남원 부사가 날을 잡아 길을 나설새 이도령을 불러 일렀다.

"너는 부인 행차를 뫼시고 먼저 올라가라."

이도령이 이 말을 들으매 낙심하여 정신을 잃어 어찌할 줄 몰라 목이 메어 대답을 겨우 하고 안으로 들어가 행차 도구를 준비하는 체하고 바로 춘향의 집으로 가니, 춘향이 바삐 나와 이도령의 손을 잡고 목이 메어 울며 두 손으로 가슴을 치면서 말했다.

"이 일이 어인 일고. 이 설움을 어찌하잔 말고. 이제는 이별이 절로 될지라. 이별이 평생에 처음이요, 다시 못 볼 임이로다. 이별마다 서러울 것이지만, 살아 생이별은 생초목에 불이로다. 차생 이별이야, 이별이 원수로다. 남북에 군신(君臣) 이별,[65] 역로에 형제 이별, 만리에 처자 이별,

65 구체적인 전거가 분명하지는 않지만, 중국 송나라 휘종과 흠종은 황제로 인질이 되어 북쪽 금나라로 끌려갔으니 그런 일을 가리킬 수도 있고, 또 한나라 때 소무처럼

이별마다 서럽다 하되, 우리같이 서러운 이별이 또 어디 있을까? 답답한 이 서러움을 어이하랴."

이도령이 두 소매로 얼굴을 싸고 목이 메어 훌쩍훌쩍 울며 춘향더러 말했다.

"울지 마라. 네 울음소리에 장부의 일촌간장이 굽이굽이 다 끊어진다. 울지 마라. 평생에 원하기를 우리 둘이 죽어 꽃이 되고 나비 되어 온 봄이 다 가도록 떠나 살지 말자 터니 세상에 일이 많고 조물주가 시기하여 오늘 이별을 당하나 이 이별이 설마 긴 이별이 될쏘냐."

춘향이 말했다.

"도련님 올라가시면 나의 일신도 아니 가련한가? 누구를 바라고 살잔 말고. 겨울밤과 여름날에 이 설움을 어찌하잔 말가. 도련님 날 죽이고 올라가오."

이도령이 말했다.

"사또께서 호조 판서를 하지 마시고 바로 이 고을 풍헌이나 하시면 우리 둘이 이 이별이 없을 것을, 내게는 이런 원수가 없다마는, 울지 마라, 우리 연분은 청산녹수 같아

신하가 북쪽의 흉노에게 인질로 잡힌 일이 적지 않았으므로 이런 고사를 의식했을 수도 있다. 문학작품에 많이 인용되는 이런 일들을 염두에 둔 표현이다.

서 무너지고 끊어질 줄 없을지니, 설마 후일 상봉하여 그리던 회포를 못 펴볼까?"

사랑하고 그리운 마음을 서리[66] 담고 마지못하여 이별할새 눈물을 금치 못하는지라. 이도령이 비단주머니를 열고 거울을 내어 춘향에게 주며 말했다.

"장부의 떳떳한 마음이 이 거울과 같을지라. 여러 백 년이 지나가도 변하지 않으리라."

춘향이 말했다.

"도련님이 이제 가면 언제나 오시려오. 절로 죽은 고목에 꽃이 피거든 오시려오. 병풍에 그린 황계 수탉이 긴 목을 휘었다가 두 날개를 땅땅 치고 꼬끼요 울거든 오시려오. 금강산 상상봉이 평지 되어 바닷물 밀려와서 배가 둥둥 뜨거든 오시려오."

손에 꼈던 옥지환을 벗어 이도령에게 주며 말했다.

"계집의 높은 절개 이 옥지환과 같을지라. 진토 중에 천만년이 지나간들 옥빛이야 변할쏘냐."

이도령이

"우리 만날 날이 속히 있을 것이니 부디부디 잘 있거라."

66 서리서리. 여기서는 '차곡차곡' 정도의 뜻.

하고 노래 하나를 지어 주니 하였으되

"좋이 있거라, 좋이 다녀오마. 좋이 있거라, 간들 아주 가며 아주 간들 잊을쏘냐. 잠 깨어 곁에 없으니 그를 슬퍼 하노라."

춘향이 글을 보고 화답하니 하였으되

"간다고 슬퍼 마오, 보내는 내 안도 있소. 산첩첩 수중 중한데 부디 평안히 가오. 가다가 긴 한숨 나거든 낸 줄 아오."

하였더라.

십 리 밖에 나와 이도령을 전송할새 춘향이 말했다.

"떠나는 회포는 측량할 수 없거니와, 나 같은 천첩은 잊으시고 서울 올라가서 학업이나 힘써 입신양명하여 부모께 영화를 보이고, 부디부디 나를 얼른 찾아오시오. 머리 위에 손을 얹고 기다리이다."

이도령이 말했다.

"그런 말이야 어찌 다 말로 하리. 부디부디 신의를 지켜 나 오기를 고대하라."[67]

67 남성과 기생의 언약은 통상 쌍방에 별로 믿음이 없다. 그래서 둘 다 약속을 지킬 것을 다시 요구한 것이다.

마지못하여 말에 올라 서울을 향할새 돌아보고 돌아보니 한 산 넘어 오 리 되고 한 물 건너 십 리 되매 춘향의 형용이 묘연하니 할 수 없어 근심과 한숨을 벗 삼아 올라가니라.

춘향이 이도령을 보내고 눈물을 이리 씻고 저리 씻고 북쪽 하늘을 바라본들 이미 멀어졌는지라. 아무리 해도 할 일 없어 집에 돌아와서 치장과 화장은 일절 않고 문과 창문을 굳게 닫고 무정한 세월을 속절없이 보내더라.

신관의 춘향 문의

이때 구관은 올라가고 신관[68]이 임금께 감사 인사를 하고 집에 돌아와 새로 부임할 곳 아전들의 인사를 받은 후에 이방을 불러 분부할 즈음에 춘향의 이름을 잊고 물었다.

"네 고을 의양이가 있느냐?"

이방이 아뢰었다.

---

68 완판본 계통의 이본에서는 변학도라는 신관사또의 이름이 보이지만 이 이본을 포함하여 경판본 계통에서는 신관의 성과 이름이 보이지 않는다.

"소인 고을 의양은 없사와도 염소는 한 이십 마리가 있나이다."

신관이 말했다.

"아따, 이놈아, 기생 의양이가 있느냐?"

이방이 그제야 알아듣고 여쭈었다.

"기생 춘향이 있사오되 이름이 기생 명단에 없나이다."

신관이 이 말을 듣고 놀라 책상을 바싹 당겨 앉으며 말했다.

"이 말이 어인 말이냐?"

이방이 여쭈었다.

"다름이 아니오라, 구관사또 자제 도련님과 서로 약속한 후 대비정속(代婢定贖)[69]하고 지금 수절하고 있나이다."

신관이 말했다.

"이 무슨 말인고? 어린 자식들이 작첩이 말이 되는 말이냐? 아직 물렀거라."

행차 준비를 하여 떠났다.

69 관청의 기생이나 여종을 풀어 주기 위해 다른 여종을 넣는 일.

신관의 노정기

남대문 바삐 나서 칠패 팔패 청파 돌모로(이태원 부근) 동적이(동작대교 아래)를 얼풋 지나, 신수원(수원성) 잠을 자고, 상유천 하유천 죽밋 오뫼(오산)를 지나, 진위 읍내에서 점심 먹고, 칠원 성환 비토리(천안 내) 천안삼거리 잠을 자고, 김제역 바삐 지나, 덕평 인제원 광정 몰원(毛老院) 공주감영 점심 먹고, 널티 경천 노성 잠을 자고, 은진 닥다리(논산) 여산 능기울 삼례를 지나, 전주에 들어와 점심 먹고, 노고바위 임실을 얼풋 지나, 남원 오리정에 다다르니,

고을 관속이 위의(威儀)를 갖추어 영접하되, 청도(淸道) 한 쌍, 홍문(紅門) 한 쌍, 주작(朱雀) 남동각(南東角) 남서각, 홍초(紅招) 남문(南門) 한 쌍, 황문 한 쌍, 순시(巡視) 한 쌍, 백문 흑문 각 한 쌍, 금고(金鼓) 한 쌍, 호총(號銃) 한 쌍, 나 한 쌍, 저 한 쌍, 호적 두 쌍, 나발 두 쌍, 곤장 한 쌍, 영기(令旗) 열 쌍, 좌관이(左貫耳),[70] 우영전(右令箭) 앞세우고, 난후별대(欄後別隊) 제집사(諸執事) 장교 좌우에 벌였는데, 아이 기생은 녹

70 '관이'는 관이전(貫耳箭). 군율을 어긴 사형수는 화살로 귀를 뚫는데, 이때 쓰는 화살.

의홍상, 어른 기생은 전립을 쓰고, 늙은 기생이 인솔하여, 모든 관속이 행차를 따르니[71] 위의 거룩하되 신관의 속마음은 춘향만 오매불망이라.

기생 점고

관아에 도착한 후 환곡과 전결(田結) 처리할 것은 묻지 아니하고,[72] 우선 기생 점고하려고 기생 명단을 앞에 놓고 차례로 호명하니, 채련이, 홍년이, 봉월이, 추월이 등이 다 나오되,[73] 춘향의 이름이 없거늘, 이방을 불러 물었다.

"춘향의 이름이 명단에 없으니 그 어인 일인고?"

이방이 대답했다.

"춘향이 대비정속 후 지금 수절하고 있나이다."

---

71 깃발, 병기, 악기를 든 행렬을 그리고 있다.

72 세금, 구휼 등 민생과 관련된 일부터 하지 않고.

73 『기생안』은 관청에서 관리하는 기생 명단인데, 노비 명단에 딸린 경우도 있고, 별도로 작성된 것도 있다. 이름만 적어 놓기도 하지만, 이름 설명을 짧게 혹은 길게 적은 것들도 드물지 않다. '추월'이면, '중추 팔월 십오야에 광명이 좋다, 추월'과 같은 식이다. 『남원고사』 등은 이렇게 길게 부르는 식의 기생 점고를 보여 준다.

신관이 말했다.

"제까짓 것이 수절이 어이 있으리오. 바삐 잡아들이라."

군노 사령 등이 우드덩 통탕 바삐 가서 대문을 발로 차며 춘향을 부르니 춘향이 크게 놀라 나와 곡절을 물은즉 잡으려고 온 관차(官差, 관청에서 보낸 사람)거늘 춘향이 울며 어미를 불러 우선 주안을 차려다가 먹인 후에 돈 닷 냥을 주며[74] 말했다.

"이것이 약소하나 사양치 말고 술값이나 하라."

군노 등이 거짓 사양하다가 받으며 말했다.

"우리는 정 처벌을 받아도 말하지 않을 것이니 염려 말라."

그들은 돌아가서 관가에 아뢰었다.

"춘향이가 서너 달 병이 들어 목숨이 경각에 있기로 못 잡아 대령하였나이다."

신관이 크게 화를 내며 갔던 사령을 엄히 곤장을 쳐 하

---

74 포졸이 잡으러 오면 주안을 대접한 후 체포되어 끌려가는 것이 우습지만 조선 후기의 관행이었다. 다섯 냥이면 여러 명이 술을 실컷 먹고 또 용돈까지 나누어 가질 수 있는 큰돈이다.

옥하라 하고 장차(將差)[75]를 분부하여 잡아 대령하되

"만일 더딘 폐단이 있으면 크게 고생하리라."

하니 누구의 명령이라 거스리리오. 모든 장차가 나가 춘향의 집에 가서 말했다.

"너로 하여 다른 사람이 다 죽겠으니, 인정사정 볼 길 없는지라."

바삐 가자 재촉하거늘 춘향이 울며 말했다.

"여러 오라버니 들어 보오. 자기 잘못은 모른다고들 하지만 이렇게 유죄 무죄 불문하고 성화같이 잡아 오라 하니 내 무슨 죄 있느뇨."

차사 등이 말했다.

"네 형상이 비록 가긍 가련하지만 우린들 어찌하리. 어찌할 수 없도다. 바삐 감만 같지 못하리라."

춘향이 할 수 없어 머리를 싸매고 헌 저고리에 몽당치마 둘러치고 헌 짚신을 끌고 죽으러 가는 양의 걸음으로 가며 내내 울고 관가에 이르니 신관이 벽력같이 소리 질러 "잡아들이라." 하거늘 계단 아래에 서 있던 나졸이 일

75 사또 등 높은 사람이 주로 죄인 호송 등의 일로 보내던 사람.

시에 내달아, 춘향의 머리를 선전(비단 가게) 장사치 통비단 감듯, 상전(床廛, 잡화 가게) 장사치 연줄 감듯, 사공놈이 닻줄 감듯, 휘휘친친 감아쥐고 동댕이쳐 잡아들였다.

신관과 춘향의 문답

신관이 춘향을 한 번 보고 심중에 헤아렸다.

"형산의 백옥이 진토에 묻힌 형상과도 같고 밝은 달이 떼구름 속에 숨은 형상 같으니 더욱 수수하다."

침을 줄줄 흘리며, 이 낭청을 돌아보며 말했다.

"듣던 말과 같은 줄 아는가?"

이 낭청 대답이 귀에 걸면 귀걸이 코에 걸면 코걸이 식이어서 신관의 마음만 맞추더라.

신관이 춘향에게 분부했다.

"네 본읍 기생으로 내 부임하고도 인사를 하지 않으니 잘하는 일이냐?"

춘향이 아뢰었다.

"소녀는 구관사또 자제 도련님 뫼신 후에 대비정속하온 고로 대령치 아니하였나이다."

신관이 화를 내어 분부했다.

"고이하다. 너 같은 길 위에 핀 꽃이 수절이란 말 고이하다. 네가 수절하면 우리 마누라는 기절할까? 요망한 말 말고 오늘부터 수청 거행하라."

춘향이 여쭈었다.

"만 번 죽어도 이는 받들지 못할소이다."

신관이 말했다.

"네 잡말 말고 분부대로 거행하여라."

춘향이 여쭈었다.

"옛말에 충신은 두 임금을 섬기지 않고 열녀는 남편을 바꾸어 살지 않는다 하니, 사또께서도 응당 아실지라. 만일 국운이 불행하여 난시를 당하면 사또께서는 적들에게 무릎을 꿇으시리이까?"

신관이 이 말을 듣고 대로하여 불에 덴 소가 강변에서 날뛰듯 하며 춘향을 바삐 신문하라 하니, 나졸이 내달아 춘향을 결박하여 형틀에 앉힌 후에 형방이 판결 내용을 읽었다.

"사뢰기를, '네가 근본 창기 무리로 제 형편을 돌아보지 않고 수절이니 기절이니 하는 말이 무슨 말이며, 또한 부임 초부터 관가 안에서 발악하며 사또를 능욕하니 일이 매우 놀라운지라. 죄 마땅히 죽일 것이로되 우선 엄한 형벌로 중히 처벌하라.'는 판결 내용이니이다."

이에 집장에게 분부하니 '매우 쳐라.' 하는 소리에 춘향의 간장이 봄눈 녹듯 할 제, 군노 등이 주장(朱杖), 곤장, 도리깨 다 벌여 놓고 몽둥이를 눈 위까지 들어 대수를 세는 소리에 맞추어 한 번 들어 치니, 마른하늘에 벽력 소리가 나는지라. 신관이 말했다.

"이제도 분부 거역할쏘냐."

춘향이 여쭈었다.

"사또께서는 이리 마시고 용천검과 태아검 같은 명검으로 나의 일신을 잘라내어, 아래 토막은 저미거나 올리거나 굽거나 지지거나 갖은양념에 주무르거나 하고 싶은 대로 하시고, 목은 서울로 보내 주심을 바라나이다."

신관이 말했다.

"저년 요악한 년, 한 매에 승복하게 매우 쳐라."

집장이 세게 치는지 잘 살피며 한 번 치고 두 번 치니 백옥 같은 다리에 솟아나느니 유혈이라. 보는 자가 뉘 아니 가련히 여기리오. 열 장부터 삼십 장에 이르러서는[76] 인사를 차리지 못하고 죽은 듯한지라. 분부하여 '하옥하라.' 하니, 옥사쟁이가 춘향을 앞세우고 데리고 나갈새 춘

76 보통 열 대만 맞아도 의식을 잃는다고 하니 과한 형벌이다.

향이 대성통곡하며 말했다.

"내 삼강오륜을 몰랐던가? 나라 재산을 빼먹었던가? 한 차례 신문도 억울하기 그지없는데 목에다 발에다 줄을 채워 가두는 것은 무슨 일인가? 우리 도련님 한 번 보고 죽으면 한이 없으련마는 이같이 몸이 다 망가져 죽기에 이르니 이런 극통한 일이 또 있는가."

춘향어미 하는 말이

"네 수절이 무엇이니? 나약한 몸에 매질을 당하니 불쌍도 하거니와 도리어 밉도다. 내 말대로 수청을 들었던들 이 지경이 될 리 없고, 온 고을 권세를 모두 쥐어 남원 것이 다 네 것이 될 것이어늘, 네 수절이란 것이 무엇이냐? 너를 무남독녀로 금옥같이 길렀거늘, 이 광경을 보니 어찌 애달프지 않으리오."

하며 모녀가 서로 다투었다.

남원 한량들의 위로

이즈음에 남원 한량들이 춘향의 소문을 듣고, 여숙이 군평이 태평이 군빈이 사빈이 어중이 떠중이 칠풍헌 안약정 등등이 모두 와서 춘향의 경상을 보고 혹 우는 이도 있고, 혹 위로도 하며, 혹 청심환도 풀어 넣으며, 혹 아이 소변도 풀어 먹이고, 혹 민강(閩薑) 사탕[77] 귤병(橘餠) 등물도 권하며, 한바탕 분분히 지저귀다가, 무숙이는 춘향을 업고 군평이는 부채질하고 떠중이는 춘향이 칼머리를 받들고,[78] 태평이 군빈이 등은 좌우로 옹위하여 멀지 않은 옥문에 천신만고하여 다다르니, 창황망조하는 모양이 가히 볼만하더라.

월매의 면회

춘향이 한량을 보낸 후 눈물을 흘리며 탄식했다.

"날이 가고 달이 갈수록 깊어지는 나의 슬픔을 어찌할꼬. 옛적 성인인 주나라 문왕도 유리옥에 갇혔다가 고국으로 돌아가시고, 정충대절 중랑장도 철옹성에 갇혔다가

---

77 민강과 사탕일 수도 있고, 민강사탕일 수도 있다. '민강'은 생강을 저며 말린 것.

78 정약용의 『목민심서』에 차라리 죽일지언정 칼을 씌우지는 말라고 말할 정도로 목에 씌운 칼은 무겁고 꽉 조여 숨을 쉬기 힘들게 했다.

고향으로 돌아왔으니,[79] 이런 일을 볼작시면 나도 언젠가는 옥중을 벗어나서 우리 도련님을 만나 볼까?"

거적자리에 칼머리를 베고 누워 정신이 혼미하더니 춘향어미가 미음을 가지고 와서 춘향을 불렀다.

"춘향아, 죽었느냐 살았느냐, 어찌 음성이 없느냐. 이를 어찌하잔 말고."

울음을 터트리며 크게 울 즈음에 춘향이 놀라 정신을 차려 보니 어미가 미음을 권하거늘, 춘향이 말했다.

"용미봉탕(龍味鳳湯)과 같은 최고 음식이라도 먹기 싫은지라. 아무래도 도련님을 다시 못 보고 죽겠으니 유한을 어찌하리오. 내 병은 편작과 같은 명의라도 할 길 없는지라. 만일 죽거든 함경도 육진(六鎭)[80]에서 나는 긴 베로 열두 번 꽁꽁 동여 아무 명산대천에나 묻지 말고 서울로 올려다가 도련님 다니는 길에 묻어 도련님 왕래할 때 목소리나 듣게 하여 주오."

그 어미가 말했다.

79 한나라 무제 때 소무(蘇武)가 중랑장(中郞將)으로서 흉노에 사신으로 가서 19년 동안 억류된 일.

80 조선 세종 때 함경도 북쪽 경원·경흥·부령·온성·종성·회령에 설치한 여섯 진.

"이것이 무슨 말인고. 너를 낳고 기를 때 진자리 마른 자리 갈아서 눕히고 쥐면 꺼질까 불면 날아갈까 하며 길러 내었는데 이제 원수 같은 몹쓸 놈을 철석같이 믿고 수절인지 정절인지 하다가 이 형벌을 받으니 어찌 원통하지 않으리오. 너도 마음을 돌려 생각하여 어미 간장을 태우지 말고 수청 거행하면 그 아니 기쁠쏘냐."

춘향이 말했다.

"모친은 이런 말 두 번도 마오. 어느 하늘에 비가 올지 눈이 올지 사람의 일을 모르느니, 죽을지언정 내 마음은 하늘과 땅처럼 변치 않을지라. 모친은 부질없는 염려 말고 집에 돌아가라."

점쟁이의 해몽

이러구러 여러 달이 지나매 근심과 탄식으로 벗을 삼아 세월을 허송하더니, 하루는 비몽사몽간에 세상을 떠돌다가 집에 돌아오니, 방문 위에 허수아비가 달렸고, 뜰에 앵두꽃이 떨어지고, 보던 몸거울 한복판이 깨졌거늘, 놀라 깨달으니 한바탕 꿈이라, 홀로 헤아리니라.

"이 꿈이 고이하다. 황제의 화서몽과 장자의 칠원몽에

다 남양초당 제갈공명의 큰 꿈인가. 이것이 무슨 일인고. 내가 죽을 꿈이로다. 죽기는 서럽지 않거니와 도련님을 다시 못 보고 죽으면 눈을 감지 못하리라."

이렇게 한탄할 즈음에, 건넛마을 허봉사라는 점쟁이가 마침 지나가거늘, 옥졸더러 점쟁이를 부르게 하되, 죄수 춘향이 부른다 하니, 허봉사가 옥 길을 찾아갈새, 길에 풀이 가득하매 옷을 거두어 안고 눈을 희번덕이며 코를 찡긋거리고 막대기를 휘저으며 입으로 휘파람 불며 오다가, 쇠똥에 미끄러져 개똥에 엎어져 손을 짚으니, 혼잣말로

"이리 미끄러우니 쇠똥이로고."

하면서 손을 뿌리치다가 옥 담 모퉁이에 부딪히니 아픔을 견디지 못하여 입에 넣으니 어찌 가소롭지 않으리오.[81]

옥문을 찾아가니 춘향이 들어오라 하거늘 봉사가 들어가 앉으며 말했다.

"네 일이야 할 말 없다. 맞은 상처나 만져 보자."

81 허봉사의 장애에 대한 조롱의 시선을 보인 것일 수도 있지만, 뒤에 그려지는 허봉사의 성희롱에 대한 사전적 징벌을 나타낸 것일 수도 있다. 이런 실수담은 다른 고전소설 작품에서 악인들의 징벌 차원에서 자주 그려진다.

춘향이 두 다리를 끌러서 보라 하니, 점쟁이놈이 음흉하여 상처는 만져 보지 아니하고 두 손으로 종아리부터 처만지며 말했다.

"아뿔싸, 몹시 쳤구나. 네가 제 원수런가? 김패두가 쳤느냐, 이패두가 치더냐? 똑바로 일러라. 그놈들이 내게 굿할 날을 받으러 오거든, 죽을 날을 골라 줄 것이니, 그 치욕은 내가 갚아 주마."

이리 만지고 저리 만지며 점점 들어가다가 마침내 그곳을 범하니 춘향이 분을 참지 못하여 바로 뺨을 치려다가 점을 잘 봐주지 않을까 하여 도리어 눙쳐 말했다.

"봉사님, 생각해 보오. 우리 부친과 좋은 벗으로 다니더니 나의 운수가 불행하여 부친이 먼저 돌아가시니 봉사님은 곧 부친과 다름이 없는지라. 도리 모르는 사람처럼 그리 말고 점이나 잘 하여 주소."

점쟁이놈이 말눈치를 알아듣고 어리숭하게 대답했다.

"네 말이 옳다. 우리 사이가 대대로 교분이 있을 뿐 아니라, 네 아주머니분이 있으니 우리 동네 이서방 팔촌형의 외손녀요, 어찌하면 너와 내가 복상(服喪) 칠촌(七寸)[82]이

82 구자균은 경판 16판본 주석에서 '복상'을 '腹上'으로 옮기

될 법하니라."

춘향이 알아듣고 말했다.

"봉사님을 부모로 아니 점이나 잘 하여 주오."

돈 서 돈(3전)[83]을 주니 점쟁이가 사양하는 척 왼손으로 받으면서 말했다.

"우리 사이에 복채 없으면 어떠냐. 꿈말이나 자세히 이르라."

춘향이 꿈의 시작과 끝을 다 이르니, 봉사가 그제야 산통을 높이 들어 축문을 외웠다.

"하늘이 어찌 말을 하시리오마는 두드리면 응답하시나니 신령하시거든 감응하시어 마침내 소통케 하소서.[84] 모

고 "칠촌 사이지만 동침할 만한 관계"로 풀었다. 또 조기형 외, 『한자성어·고사명연구 대사전』, 이담북스(2011)에서는 복상칠촌(腹上七寸)을 "배 위에 칠촌 거리. 남녀가 성적 교접을 가짐"으로 풀이했는데 근거가 불확실하다. 이성(異姓)의 칠촌(七寸)은 퇴계 이황 등에 의해 혼인이 허락되는 가장 가까운 인척으로 인정되었다. 말하자면 허봉사가 춘향에게 상복을 어떻게 입는지 따질 때, 남으로서는 가장 가까운 촌수일 수 있다고 말한 것 아닌가 생각해 볼 수 있다.

83 10전이 1냥이니, 3전은 관차에게 준 5냥의 6퍼센트에 해당하는 돈이다.

84 신에게 알려 달라고 비는 축문의 상투어를 현대어로 옮

년 모월 모일에 유명조선국(有明朝鮮國)[85] 팔도 삼백육십주 내에 전라도 남원부 아무 면에 사는, 남자 이름 몇 년생, 여자 이름 몇 년생, 양위 부부 금년 신수 길흉 여부와 모일 야간 몽사(夢事)가 여차여차[86]하옵기, 삼가 엎드려 묻자오니, 엎드려 비옵건대, 소강절 주소공 곽박 이순풍 제갈공명 홍계관[87] 여러 선생은 점괘를 살피시어 길흉을 알려주소서."

그러고는 점을 풀어서 말했다.

"화락(花落)하니 능성실(能成實)이요, 경파(鏡破)하니 기무성(豈無聲)가? 문상(門上)에 현허인(懸虛人)하니, 만인(萬人)이 개앙시(皆仰視)라."

이 글의 뜻은 '꽃이 떨어지니 능히 열매를 맺을 것이요,

긴 것이다. 원문은 "천하언재(天何言哉)아. 고지즉응(叩之則應)하시나니 신기영의(神其靈矣)여시든 감이수통(感而遂通)하소서."이다.

85 명나라에 속한 조선이라는 뜻. 비문 등 공식적인 문장에 사용한다.

86 실제로는 언제, 어디에 사는 누구의 꿈이 어떠한지 구체적으로 말했겠지만 이는 독자들이 다 아는 내용이거나 불필요한 내용이니 그냥 얼버무리고 숨겼다. 고전소설에서 흔히 볼 수 있는 수법이다.

87 '홍계관'은 조선조의 유명한 맹인 점쟁이. 그 앞은 점술로 유명한 중국 고대의 인물들.

거울이 깨지니 어찌 소리 없으리오? 문 위에 허수아비를 달았으니 만백성이 우러러보리로다.'이니, '이는 반드시 이도령이 과거에 급제하여 곧 만나 본다는 점괘라.' 하거늘 춘향이 말했다.

"어찌 그렇게 되기를 바라리오."

봉사가 말했다.

"옷고름을 맺고 내기해도 좋으니, 조금도 염려 말고 그 사이 잘 있으라."

봉사가 가거늘 춘향이 생각하되 '만일 이 점괘 같을진대 그런 즐거운 일이 어디 있으리오.' 하고 주야로 번뇌하더라.

장원급제

이때 이도령이 서울로 올라가서 주야로 학업에 힘쓰매 세상일을 모두 끊고 상투를 묶어 매달고 송곳으로 다리를 찌르며 침을 뱉어 손에 쥐고 책상을 당겨 놓고 공부를 지성으로 할 제, 『천자문』『유합』『동몽선습』 외에 사서삼경과 백가서를 달통하여, 이태백 유종원 백낙천 두자미를 압두(壓頭)하니, 어찌 당나라 시절의 명문장가와 다르리오.

이때는 세상이 화평하고 풍요로우며 날씨가 농사짓기

적당하여 마을들에서 풍년가를 부르는지라. 임금이 어진 선비를 선발하시려고 태평과를 여니 이도령이 시험지를 둘러메고 과거장으로 들어가 시험 제목을 건 판을 바라보니 '마을에서 아이들 노래를 듣노라.' 하였거늘[88] 시험지를 펼쳐 놓고 용루연에 먹을 갈아 황모필에 묻혀 한 번 들어 글씨를 쓰니 한 점 손볼 곳이 없는지라. 가장 먼저 시험지를 제출하니 시험관이 받아 보니 문장이 흠잡을 수 없는지라. 구절마다 관주를 돌리고, 글자마다 비점을 쳐서, 성적을 상지상(上之上) 최고로 매겨 장원급제에 올리고 높은 소리로 이름을 부르니, 이도령이 바삐 걸어 계단 아래로 나아가, 임금의 은혜에 네 번 절을 올리고 물러 나올 적에, 임금이 주신 꽃을 머리에 꽂고, 몸에 청삼(푸른 도포)을 입고, 허리에는 야대(也帶)[89]요, 왼손에 옥홀을 쥐고, 오른손에 홍패(합격증)를 들었도다.

장악원의 음악이 길을 인도하고, 금안장 놓은 백마에 비스듬히 앉아 큰길로 나아가니, 부르느니 선달(先達)[90]이

---

88 『열녀춘향수절가』에는 '춘당지의 봄빛이 예나 지금이나 같도다.'라는 시제로 나온다.

89 과거 합격자가 두르는 한쪽이 늘어져 야(也) 자 형상이 된 허리띠.

요 진퇴하느니 신래로다.[91] 집에 도착하여 사흘 동안 주위에 인사를 다니고, 조상 산소에 성묘하고 돌아와서 임금께 인사드리는데, 임금이 하교하셨다.

"네 아비는 국가의 기둥이 되는 신하라. 오늘날 네 얼굴과 문필을 보니 어찌 아름답지 않으리오."

임금이 소원을 물으시니 이도령이 여쭈었다.

"천하태평하오매 구중궁궐이 깊고 깊어 백성의 고통을 살피지 못하실지라. 신이 각도에 돌아다니며 수령의 선악과 백성의 근심을 염탐하여 성상의 교화를 펴고자 원하옵니다."

임금이 들으시고 가라사대

"네 말에 임금 사랑하는 마음이 간절하니 나의 팔과 다리 같은 신하로다."

하시고 즉시 삼남도어사(충청, 전라, 경상 3도를 감시하는 어사) 벼슬을 내리시니라.

---

90 문·무과에 급제하고 아직 벼슬을 받지 않은 사람을 부르는 말. 무과 급제자 중에는 평생 벼슬을 받지 못하는 일이 적지 않아 흔히 무과 급제자를 가리키게 되었다.

91 하인들이 선달이 나왔다고 외치고, 급제자는 신임 인사를 하러 상관에게 가서 앞으로 나갔다가 뒤로 물러 나오는 일.

어사 남원을 향하여

어사가 즉시 하직하고 물러나 행차를 준비할새, 마패를 고두리뼈(골반의 아래 뼈)에 차고 역졸과 약속하여 먼저 가서 탐문하라 하고, 행색을 꾸미되 칠 푼짜리 헌 파립에 편자 터진 헌 망건 박 쪼가리 관자[92] 달아 물렛줄로 당끈[93] 하고, 헌 도포에 닷 푼짜리 무명 동다회(가슴에 두르는 끈)를 양지머리(가슴)에 진득이 눌러 띠고, 칡넝쿨 미투리를 낙복지(落幅紙)[94]로 들메고,[95] 세살부채[96]로 얼굴을 가리고, 버선목 주머니에는 탄 담배 돌통대[97]로 맞추었구나.

가만히 남대문 내달아서, 칠패 팔패 돌모로 백사장 동적이를 바삐 건너, 승방들(우면동) 남태령 급히 넘어, 과천

92 '관자'는 망건을 고정시키는 단추와 같은 것인데 옥이나 금 등으로 만들며 양반들에게는 지위를 나타내는 계급장과 같은 역할을 했다. 박 쪼가리는 초라한 지위를 보여준다.

93 당 줄. 망건에 달아 머리 뒤로 둘러 묶는 끈.

94 과거 시험에 사용한 종이.

95 신발을 발에 맞게 죄는 끈을 '들메끈'이라고 한다. '들메고'는 그렇게 메는 것을 가리킨다.

96 살이 가늘거나 살이 몇 개 남지 않은 부채.

97 흙이나 나무로 만든 담뱃대.

인덕원 갈뫼(평촌) 사근내(의왕) 참나무정이(수원 북쪽)를 얼풋 지나, 진위 칠원 소사 성환 비토리 천안삼거리 김제역을 급히 지나, 덕평 원터 인제원 광정 활원(弓院) 몰원 새술막(공주 북쪽) 지나, 공주 금강을 얼풋 건너, 널티 경천 노성 지나 은진 닥다리 여산 능기울 삼례를 지나, 전주성 안에 가만히 들어가 여기저기 염문하고 노고바위 임실에 다다랐다.

이때는 봄날 좋은 때라. 한 곳을 바라보니, 먼 산들은 겹쳐 있고 가까운 산들은 붙어 있는데, 태산은 막막(漠漠, 큰 모양), 기암은 층층, 장송은 낙락, 강물은 잔잔, 비오리 둥둥, 두견 접동은 좌우에서 넘노는데, 열없는 산따오기는 이 산으로 가며 따욱, 저 산으로 가며 따욱 울음 울고, 또 한편 바라보니 쑥꾹새(뻐꾸기)는 저 산으로 가며 쑥꾹, 이 산으로 가며 쑥꾹 울음 울고, 또 한편을 바라보니 만리산[98] 갈까마귀 돌도 차돌도 아무것도 전혀 못 얻어먹고 태백산 기슭으로 날아가며 갈가오 갈가오[99] 이렇듯 울음

98 이본에 따라 어디라고 특정할 수 없는 만리산이나 전라북도 진안의 마니산으로 나와 있다.

99 '날아가며 갈가오 갈가오'는 원문에 없는 것으로 『남원고사』를 참고하여 보충했다.

울고, 또 한 곳 바라보니 층암절벽 사이에 홀로 우뚝 서 있는 고양나무 겉으로 벌레 먹고 좀먹어 속은 아무것도 없이 아주 텅 비었는데, 부리 뾰족 허리 질룩 꽁지 뭉뚝한 딱따구리 거동 보소. 크나큰 나무를 한 아름 들입다 덥석 안고 툭두덕 꾸벅거리며 툭두덕 꾸벅 쪼는 소리, 그 아니 좋은 풍경이냐.

또 한 곳 바라보니, 각색 초목 무성한데 천도목(天桃木), 지도목(地桃木), 백자목(柏子木), 행자목(杏子木), 회양목, 늘어진 장송, 부러진 고목, 넓적 떡갈, 산유자, 검팽, 느릅, 박달, 능수버들 들은 한 가지 늘어져, 두 가지 펑퍼져, 휘넘 늘어져 굽이 층층 맺혔는데, 십 리 안에 오리나무, 오 리 밖에 십리나무, 마주 섰다 은행나무, 임 그려 상사나무, 입 맞추어 쪽나무, 방귀 뀌어 뽕나무, 한 다리 전나무(다리를 절다), 두 다리 들메나무, 하인 불러 상나무, 양반 되어 귀목나무, 부처님전 고양(공양)나무.

농부와의 문답

구경을 다 한 후에 또 한 모퉁이 돌아가니 상평전(上平田) 하평전(下平田)에서[100] 농부들이 갈거니 심거니 하며 풍년가를 노래한다.

"평화로운 풍년 시대 너른 광야 농부네야. 우리 사는 이 세상이 남모르게 민심 듣던 요임금 시절 버금 아닌가. 얼널널 상사디야. 배불리 먹고 배를 두드리는 우리 농부, 만세토록 즐거워라. 얼널널 상사디야. 순임금이 만든 쟁기로 역산의 밭을 갈고, 신농씨가 만든 따비 천만세 유전하니, 그도 또한 농부 아니신가. 산승 같은 혀를 물고 잠이 든다. 얼널널 상사디야. 거적자리 치켜 덮고 연적 같은 젖(복숭아처럼 둥근 연적)을 쥐고 얼널널 상사디야."

노래 부르거늘 어사가 부채로 얼굴 가리고 이 소리를 다 들은 후에 농부더러 반말로 물었다.

"저 농부야, 말 좀 물어보고지고."

여러 농부 섰다가 한 농부가 내달아 말했다.

"어지러운 꼬락서니로 동떨어진[101] 말을 누구에게 하느뇨? 말은 무슨 말인고? 약계(藥契)의 모퉁이를 헐고 병풍

---

100 위와 아래에 있는 평평한 밭.

101 지금은 거리가 떨어져 있다는 뜻으로 쓰이지만, 이기문 편 『속담사전』(민중서관, 1962)에는 '동떨어진 데 섰다'를 "별 일도 아닌 데서 이익을 번번이 취한다는 뜻"으로 풀이했다. 여기서는 '적절치 않은'의 뜻으로 사용된 것으로 보인다.

뒤에서 잠 잘 자다가 오셨나?"[102]

욕설이 가볍지 않을 제, 그중 늙은 농부가 내달아 말했다.

"말이 난 말이, 내 풍편에 들으니, 어사 나왔단 말이 있으니, 이 사람 괄시 마오. 그도 아주 맹물은 아니기로 세 폭 자락[103]에 동떨어진 말 하니 괄시 마오."

이도령이 이 말 듣고 혼잣말을 했다.

"사람은 늙어야 쓸 수 있다는 말이 옳다."

그러고는 물었다.

"이 고을 원님 정사가 어떠하며, 민폐나 없으며, 또 호색하여 춘향을 수청 들게 했다는 말이 옳은지?"

농부가 짜증 내어 말했다.

"우리 원님이 공사는 잘하는지 못하는지 모르거니와 참나무 마주 휜 듯이 하니[104] 어떻다 하리오."

---

102 '약계'는 약국을 뜻한다. 또 죽은 사람은 관에 넣어 병풍 뒤에 모시는 법이니, 약국에서 치료를 받다가 죽어서 병풍 뒤에 모셨다는 의미로 이해된다. 즉 죽다가 살아난 사람처럼 웬 이상한 말을 하느냐는 뜻이다. 구자균은 경판 16장본 주석에서 "약계(藥鷄) 모퉁이 핥고"로 옮겼으나 문맥상 적절치 않다.

103 '세 폭 자락'은 양반이 입는 도포를 가리킨다.

104 의미가 확실치는 않으나 참나무는 흔히 단단한 것을 뜻하니 마주 휘게 하려면 억지로 큰 힘을 써야 한다. 무리

이도령이 말했다.

"그 공사 이름이 무엇이라 하더뇨."

농부가 하늘을 보고 크게 웃으며 말했다.

"그 공사는 쇠코뚜레 공사[105]라 하나니라. 욕심은 있는지 없는지 민간의 미전목포(米錢木布)를 다 고무래질해 들이니 어떻다 하리오. 또 원님이 음흉한 물건이라, 철석같이 수절하는 춘향이 수청 아니 든다고 모질게 고문하여 가두었으되, 구관의 아들인지 개아들인지 한 번 떠난 후 끝내 소식이 없으니, 그런 쇠자식이 어디 있을까 보오."

이도령이 서서 듣다가 말했다.

"남의 일은 알지 못하거니와, 욕은 과히 말라."

또 돌아서며 혼잣말을 했다.

하게 억지로 일을 꾸민다는 뜻으로 이해된다. 『남원고사』에는 '참나무 휘온 듯ᄒᆞ니'로 나오고, 이윤석은 주석에서 "이 뒤에 나오는 쇠코뚜레를 생각하고 하는 말이다. 쇠코뚜레는 주로 참나무로 만든다."라고 했다.

105 『남원고사』 주석에서 이윤석은 "쇠코뚜레에 고삐를 매어 소를 마음대로 부릴 수 있음에 비겨서 고을원이 백성을 마음대로 부려먹는 것을 말한 것"이라고 풀이했다. 그러나 문맥으로 보면 앞에서 참나무를 휜 듯이 정치를 한다고 했으니, 여기서도 소에게 코뚜레를 하듯이 무리하게 억압적으로 통치한다는 뜻인 듯하다.

"대저 양반이 욕을 참혹히 보았도다."

그러고 한 모퉁이 돌아가니 짧은 머리를 한 시골 아이들이 쇠스랑과 호미를 둘러메고 산유화[106] 소리하며 나왔다.

"어떤 사람은 팔자 좋아 호의호식 염려 없는데, 어떤 사람은 사주 기구하여 일신이 난처한가? 빈부고락 들어 보세."

또 한 아이가 소리했다.

"이 마을 처녀, 저 마을 총각, 남녀 혼인 잘 맞도다. 공변된(공평한) 하늘 아래 세상일이 평등치 않네."

이도령이 서서 보다가 혼잣말을 했다.

"저 아이는 의붓어미 손에 밥 얻어먹는 놈이요, 저 아이는 장가 못 들어 애쓰는 녀석이로다."

또 한 곳을 바라보니 황하수는 한수와 폭포수를 이리 둘러 저리 둘러 함께 합류하였다가 굽이굽이 콸콸 우렁퉁탕 내려갈 제, 꽃은 피었다가 절로 떨어지고 잎은 돋았다가 한 치 광풍에 떨어져 낙엽 되니, 그 아니 좋은 풍경이냐.

106 남부 지방에서 농부들이 주로 부르던 노래. '메나리'라고도 한다.

또 한 모퉁이 돌아드니 한 주막에 반백의 노인이 한가히 앉아 청올치(칡의 속껍질) 노끈을 비비고 꼬며 〈반 넘어〉를 불렀다.

"반 넘어 늙었으니 다시 젊진 못하여도 이후는 늙지 말고 매양 이만하고자. 백발이 제 짐작하여 더디 늙게 하여라."

슬슬 비비며 끈을 만들거늘, 이도령이 보다가

"저 노인 말 좀 물어보자."

하니 이 노인이 대답 아니하고 위아래 훑어보며 노래만 부르다가 그제야 말했다.

"보시오. 속언에 조정에는 벼슬이 제일이요 향당에는 나이가 제일이라 하니,[107] 보아하니 인사를 알 만한데, 어찌 그리 모자라고 졸렬하뇨."

이도령이 말했다.

"내 언제 반말하였다고. 그렇거니 저렇거니, 들은즉 본관이 호색하여 기생 춘향을 작첩하여 호강한다는 말이

107 조정에서는 위아래를 나누는 기준이 벼슬의 고하지만, 모두 벼슬이 없는 시골에서는 나이로 위아래를 나눈다는 뜻이다. 『맹자』에 '조정에 막여작(莫如爵)이요 향당에 막여치(莫如齒)'라고 했다.

옳은지?"

노인이 짜증 내어 말했다.

"소나무처럼 청청한 춘향에게 그런 누명을 씌우지 마소. 원님이 음탕하여 춘향이 수청 아니 든다 하고 매우 쳐서 감옥 귀신을 만들도록, 이도령인지 난정(亂精)[108]의 아들인지, 그런 계집을 버려두고 찾지를 아니하니, 그런 쥐 아들 고양이 아들놈이 또 어디 있으리오."

이도령이 말을 들은 후에 춘향 생각이 더욱 간절하매 한 시간이 한 철처럼 긴지라. 바삐 오수를 지나 남원 성안에 들어가 저리 수군수군 이리 숙덕숙덕 염문할 제, 아전들이 어사 내려온단 말을 풍편에 듣고 관전(官田) 목포(木布) 환곡 전결(田結) 복수(卜數) 문서를 정리할 때, '사결(四結)에는 한 짐 열 뭇이오, 육결에는 석 짐 열닷 뭇이오, 동쪽 창고와 서쪽 창고의 미전목포를 무턱으로 내입(內入)이라' 꾸미며,[109] 이방과 호방 놈이 힘을 합쳐 문서 고치는 것을

---

108 난잡한 남녀 관계로 이해하는 것이 좋을 듯하다. 명종 때 윤원형의 첩으로 권력을 농단한 것으로 유명한 기생의 이름으로 보기도 하나 문맥상 적절치 않은 듯하다.

109 '결', '짐', '뭇'은 모두 농지 면적을 나타내는 단위다. 1파(把) 또는 한 줌의 10배가 1속 또는 한 단이고, 10속을 1부(負) 또는 한 짐이라고 하며, 100부를 1결(結) 또

탐지했다.

월매와의 재회

이후 춘향의 집을 급히 찾아가니 계단의 푸른 풀은 이별의 한을 띠고 있고, 동편 정원에 서 있는 오동나무는 작별의 눈물을 머금었는데, 바깥 담장은 자빠지고, 바깥채는 쓰러지고, 안채는 기울어져, 추녀 아래 서까래가 속까지 다 벗겨져 나오고, 마당은 개똥밭이 되었으니, 어찌 한심하지 않으리오. 마당에서 살펴보니 춘향어미 탕관에 죽을 쑤며 눈물로 따지며 탄식했다.

"내 팔자 기박하여 일찍이 부모 잃고 중년에 남편 잃고 말년에 딸 하나만 바라보더니 원수 이도령만 믿고 저 지

는 한 목이라고 했다. 여기서 '뭇'이라고 한 것은 '단'을 표시한다고 볼 수 있다. '사결'을 '한 짐 열 뭇'이라고 한 것은 넓은 농지를 줄여서 표시했다는 말인데 그것을 통해 세금 징수액을 줄이려 한 듯하다. 그리고 '내입'은 여기서는 '내아 곧 관아의 안채로 넣는다'는 뜻으로 짐작되니 관청 창고에 있는 쌀과 베 등 손실분을 내아로 보냈다고 표시하여 횡령을 감추려 했다는 것으로 이해된다.

경을 당하니 이를 어찌하잔 말고. 바라느니 하느님께서 살펴 주소서."

이도령이 이 말을 들으매 경상이 가장 가련하여 탄식했다.

"이 또한 한때의 액화이니 네 좋을 날이 설마 없으랴."

이어 춘향어미를 부르니 춘향어미가 대답했다.

"누가 이 심란한 중에 와서 부르는고."

나와서 익히 보다가 말했다.

"거지는 눈도 없는가? 내 집 모양을 보면 모를쏜가? 막내딸 하나 두었다가 감옥으로 보내고 옥바라지하느라 가산을 탕진하였으니 동냥 줄 것 없는지라. 바삐 돌아가라."

이도령이 마음속으로 웃으며 또 부르니 춘향어미 그리하여도 몰라보고

"그 뉘시오? 김권농인지 환곡 재촉하려고 왔나 보되, 이 중에 할 수 없으니 죽이거나 살리거나 하라."

하거늘 이도령이 어이없어 또 불렀다.

"전 책방 도련님이라."

춘향어미 그제야 알아듣고 두 눈을 이리 씻고 저리 씻고 자세히 보다가 깜짝 놀라 말했다.

"얼굴은 도련님이 분명하나, 의복은 종로 상거지 모양이니, 무슨 일인고? 무명실로 여기저기 얼기설기 얽어 놓

왔으니, 고이하다, 애고애고 저 형상을 누구에게 말할꼬. 옷을 수백 군데 기워 입는 것도 분수가 있지, 이것이 어인 일인고. 바다가 뽕밭 되고 뽕밭이 바다 된다 하지만, 어찌 저다지 변할꼬. 애고애고 도련님 연고로 내 딸 춘향이 옥중에서 죽게 되었으매, 우리 모녀가 밤낮으로 바라느니 도련님이요 기다리느니 도련님뿐이더니, 이제 저 형상이 내려왔으니, 이를 장차 어찌하리오."

이도령이 모르는 체하고 곡절을 물으니, 춘향어미 울며 자초지종을 일일이 고하거늘 이도령이 거짓 놀라며 말했다.

"이 또한 일시 좋지 아니한 탓이거니와, 나도 운수가 불행하여 급제도 못 하고 형세가 이 지경이 되었기로, 저나 마지막으로 보고 가려고 천 리 길을 멀다 하지 않고 왔으니, 춘향에게로 가자."

춘향어미 마지못하여 이도령을 앞세우고 갈새, 헌 파립에 짚신 감발(헝겊으로 발을 쌈)하고 대로변의 바람맞은 환자처럼[110] 비슥비슥 걸어가는 거동이 보기 딱한지라.

110 '바람을 맞았다'는 것은 감기 등 외부 접촉으로 병을 얻었다는 것이고 '대로변에 있다'는 것은 쉴 곳을 찾지 못했다는 말이다. 큰 병에 걸리고도 치료와 휴식을 얻지 못해 힘들고 위태롭다는 뜻이다.

옥중 춘향을 만남

춘향어미가 옥문 밖에서 춘향을 불렀다.

"애고애고, 주야장천 기다리고 기다리더니, 잘되었다, 잘되었다, 종로 상거지 하나 왔으니 보아라. 요년, 보아라."

이에 이도령이 역정을 내어 춘향어미를 밀치고 앞서 춘향을 부르니, 춘향이 기운이 피곤하여 칼머리를 베고 졸다가 부르는 소리에 놀라 말했다.

"그 뉘라서 날 찾는고. 영천 시내에서 귀를 씻던 소부와 허유가 온갖 세상사를 의논코자 날 찾는가. 주중군자 유령(劉伶)이가 술 먹자고 날 찾는가. 수양산에서 굶어 죽은 백이와 숙제가 충절에 대해 물으려고 날 찾는가. 아황과 여영이 순임금을 찾으려고 날 찾는가. 이태백이 시 짓기를 의논코자 날 찾는가. 상산사호(商山四皓)[111] 바둑 두려 날 찾는가. 천태산 마고선녀가 숙낭자[112]에 대해 물어보려고 날 찾는가. 그 뉘라서 날 찾는가."

이도령이 또 부르니, 춘향이 그제야 음성을 알아듣고

111 중국 진나라 때 난을 피해 숨어서 산 네 명의 노인.

112 『숙향전』에서 주인공 숙향을 보호한 인물이 마고선녀다.

취한 듯 미친 듯 칼머리를 비스듬히 안고 벌떡 일어서며 말했다.

"이것이 무슨 말인고. 꿈인가 생신가. 밝은 하늘이 감동하여 만나게 하심인가. 하늘에서 내려왔나, 구름에 싸여 왔나. 그사이 벼슬살이 분주해서 못 왔던가. 하운다기봉(夏雲多奇峯)하니 산이 막혀 못 왔던가. 춘수만사택(春水滿四澤)하니 물이 막혀 못 왔던가.[113] 어찌 그리 소식이 끊겼던고. 내가 죽어 북망산천에 가서 다시 볼까 하였더니 오늘 상봉함이 반갑기도 한량없고 기쁘기도 측량없네. 칠 년 큰 가뭄에 비 본 듯, 구 년 큰물에 해 본 듯 즐겁기도 그지없다."

"도련님, 날 살려내오. 족쇄나 벗겨 주면 걸음이나 걸어 보세. 옥문 밖에 내어 주면 세상 구경하여 보세. 애고애고, 이 지원함을 어찌하잔 말고. 도련님 얼굴이나 보세."

이도령이 가까이 나아가니 춘향이 옥문 틈으로 열어 보고 눈물 흘리며 탄식했다.

"도련님 저 모양이 어인 일고. 무슨 연고로 저 지경이 되었는고. 도련님은 저리되고 나는 감옥 귀신이 되었으니 하늘이 어찌 이다지 무심하신고."

113 중국 시인 도잠이 지은 시의 한 구절.

이도령이 말했다.

"나도 운수가 기험하여 급제는 고사하고 이 모양 되었으니 누구를 한하리오. 우리 언약이 지중하기로 천 리를 멀다 않고 내려오며 고생하던 말이야 어찌 다 할꼬. 우리 둘이 팔자가 불측하여 아직 이리되었으나 필경 좋을 때 있을 것이니 조금도 슬퍼 말고 안심하여라."

춘향이 말했다.

"불쌍하고 불쌍하다. 그사이 오죽 주렸을까."

어미를 부르니 춘향어미가 말했다.

"날 불러 무엇하랴. 내 주야장천 바라더니 이제는 바라던 길도 끊어지고 기다리던 일도 허사로다. 이 설움을 누구에게 하소연하잔 말고."

춘향이 대답했다.

"아무 말도 다시 마오. 속담에 하늘이 무너져도 솟아날 구멍 있고 죽을병에도 사는 약이 있다 하니, 이런 사색 말고 내 말대로 하여 도련님 모시고 집으로 가서 저녁을 따뜻하게 잘하여 드리고 자던 방에 내 비단이불 펴고 날 본 듯이 주무시게 하고, 내일 내 함롱 속의 노리개, 앞뒤 비녀와 비단필을 다 팔아다가 도련님 옷을 한 벌 하여 드리라."

또 이도령더러 말했다.

"부디 내 집에 가서 평안히 쉬고, 내일은 사또 생일이라, 잔치 끝에 필경 일이 있을 것이니, 칼머리나 들어 주시오."

"아무튼 염려 말라."

이도령이 춘향어미를 데리고 가더니, 한 모퉁이 지나서며 춘향어미가 말했다.

"도련님, 어디로 가려고 하느뇨."

이도령이 어이없어 대답했다.

"자네 아무리 구박하여도 오늘 밤만 자고 내일 어디로 갈 것이니 염려 말라."

이도령은 춘향의 집에 가서 밤을 지내니라.

본관의 생일잔치

이튿날 새벽에 관문(官門) 밖에 왕래하여 탐지하니 과연 본관의 생일이 적실한지라. 포진한 것과 사람들 움직임을 살펴본즉, 동헌 난간을 이어 부계(浮階)[114]를 매고 구름

114 『남원고사』에는 이도령이 '보계판(補階板)'을 밟고 올라

차일 높이 치고, 산수병, 인물병, 모란병 병풍을 둘렀는데, 화문지(花紋紙) 장판 위에 면단석(面單席)과 만화방석(滿花方席) 초방석(草方席)을 줄로 친 듯이 펴고, 사롱촛대 양각등(羊角燈)과 요강 타구 곁들이를 여기저기 벌여 놓고, 인근 읍 수령들이 차례로 앉은 후에, 아이 기생은 녹의홍상 입고, 어른 기생은 전립을 쓰고, 늙은 기생이 인도하여, 좌우에 시립하고 술상이 어지러운데, 양금 거문고 생황 가야금 소리는 산호편 들어 옥반을 치는 듯, 입춤(기생 춤의 하나) 후에 검무 보고, 거문고 남창(男唱) 듣고 해금에 여창이라. 이도령이 들어가고자 하나 출입을 엄히 막는지라. 문밖으로 다니면서 혼잣말을 한다.

"이 놀음이 곪음이 되렷다. 저 놀음이 얼마나 오래리오. 아무튼 잘 놀아라. 매우 잘 논다. 이따가 가만히 보아라. 내 솜씨에 똥을 싸보아라."

문밖에서 기웃기웃하니 문지기가 윷놀이채찍[115]으로 후려치며 구박이 매우 심하매 방황하며 주저할 즈음에,

간다고 나와 있다.

115 『표준국어대사전』에는 '대궐을 지키는 병정이 가지던 채찍'으로 나와 있으나, 이 부분을 보면 문지기가 지닌 큰 채찍 정도로 보는 것이 적절함을 알 수 있다.

문을 지키는 군사가 소피 보러 간 사이 주먹을 불끈 쥐고 돌입하여 동헌 앞까지 들어가니, 본관이 먼저 보고 크게 노하여

"우선 문을 지키는 군사를 부과(附過)[116]하고 나졸 불러 저 걸인을 바삐 꺽뒤(뒤통수)를 질러 내치라."

하니 좌우 나졸이 일시에 달려들어 이도령 덜미를 잡아 끌어내니, 이도령이 할 수 없어 분함을 참고 관문 근처로 다니면서 들어갈 궁리를 생각하더니, 한 곳을 바라본즉 동헌 월랑(月廊)[117] 뒤로 담이 무너져 거적으로 막았거늘, 가만히 들치고 들어가 바로 대청 위로 올라가며 말했다.

"내 마침 지나다가 오늘 큰 잔치에 음식이나 얻어먹을까 하노라."

본관은 불쾌히 여기고, 운봉 영장은 웃으며 말했다.

"이 또한 예사니 좌석에 참여함이 무방하다."

이도령이 한쪽 가에 앉았더니 이윽고 술상을 드릴새 운봉이 통인에게 분부했다.

116 잘못을 기록하여 두는 일.

117 정당의 앞이나 좌우에 지은 줄행랑.

"술상을 갖다가 저 양반께 드리고 또 술을 부어 드리라."

통인놈이 술을 부어 이도령께 드리니 이도령이 받지 아니하고 트집을 잡았다.

"내 가만히 본즉, 어떤 데는 기생으로 권주가 불러 술을 드리고, 어떤 데는 떠꺼머리 아이놈에게 시켜 얼렁뚱땅하니 어쩐 일이뇨. 대저 술이 권주가가 없으면 무미하니 기생 중 묘한 년으로 하나 보내라."

본관이 듣고 말했다.

"고객(苦客, 귀찮은 손님)이로다. 내 운봉의 말을 들어 이런 고약한 꼴을 본다."

운봉이 웃고 기생에게 분부하여

"아무 년이라도 가보라."

하니, 한 년이 마지못하여 내려가며 말했다.

"아니꼬워라. 권주가 없으면 술이 목구멍에 넘어 들어가지 아니하나."

기생의 권주가

기생이 술을 부어 권주가를 불렀다.

"잡으시오. 잡으시오. 이 술 한 잔 잡으시오. 이 술 한 잔 잡으시면 천만년이나 사오리이다. 이 술은 술이 아니라 한무제 승노반에 이슬 받은 것이오니 쓰나 다나 잡으시오."

이도령이 말했다.

"매우 좋으니 더 하라."

기생이 이어서 불렀다.

"인간 이별 만사 중에 독수공방 더욱 섧다. 상사불견(相思不見) 이내 진정 저 뉘 알리, 나뿐이라."

"달아 달아 밝은 달아 이태백이 놀던 달아. 태백이 죽은 후에 누구랑 놀려 밝았느니."

"봄잠을 늦게 깨어 창문을 반만 여니 정원 꽃이 활짝이라. 가는 나비 머무는 듯 버들은 푸릇푸릇 성긴 안개에 잠겼어라."

"흰머리 어부가 포구에 머물며, 산보다 물에 사는 게 낫다고 하네. 배 띄워라 배 띄워라, 아침 물이 밀려오자 저녁 물이 닥쳐오네. 지국총지국총 어사와 하니, 배에 기댄 어부의 한쪽 어깨가 높도다."[118]

"백구야 펄펄 날지 마라. 너 잡을 내 아니라. 임금이 버

118 12가사의 하나인 「어부사」의 한 소절. 전해 내려오던 것을 조선 중종 때 이현보가 정리했다.

리시니 너를 쫓아 여기 왔노라. 버드나무 봄빛 좋으니 백마금편 꽃놀이 가자."

"말 없는 청산이오 태 없는 녹수로다. 값 없는 청풍이오 임자 없는 명월이라. 그중에 병 없는 몸이 분별없이 늙으리라."

"북두칠성 한 아들 셋 넷 다섯 여섯 일곱 분께 민망한 소지 발괄 한 장 아뢰나이다. 그리던 임을 만나 정겨운 말씀 채 못하여 날이 쉽게 새어, 이로써 민망하니, 밤중만 삼태성 차사 나리, 샛별 계속 떠 있게 하여 주소서."

금준미주시

노래를 끝낸 후에 큰 상을 차례로 드릴 제, 이도령이 상을 받아 놓고 보니 모서리 떨어진 낡은 평반(상다리가 없는 소반)에 국수 한 접시, 떡 한 조각, 양지돌[119] 한 마디, 대추 하나, 밤 하나, 배 한 쪽을 놓았는데, 명상[120]같이 하여 주

119 경판 16장본에는 '양지차돌'로 나와 있다. 차돌박이를 가리키는 말이다.

120 죽은 사람을 위해 무덤에 넣는 작은 그릇인 '명기(明器)'

거늘, 이도령이 심술을 내어 두 다리로 상을 차 엎으니, 좌중이 다 불쾌히 여기거늘, 이도령이 일어나 그 엎은 것을 끌어모아 소매에 뭉쳐 넣었다가 좌상을 향하여 뿌리면서 아니꼽다 하니, 본관의 얼굴에 튀었는지라.[121] 본관이 상을 찡그리며 말했다.

"인사불상(人事不祥)[122]이로고. 원래 운봉의 말을 듣다가 이런 욕을 보니 절통하다."

이윽고 이도령이 말했다.

"나도 부모 은덕으로 글자는 배웠으니 이런 잔치에서 음식을 얻어먹고 그저 가기 무미하니 운을 부르면 글자나 짓고 감이 어떠하뇨."

좌중에서 논란이 분분하다가 기름 고(膏) 자와 높을 고(高) 자를 운자로 내고 붓과 종이를 주니 이도령이 즉시 지어냈다.

를 올린 상이거나 명령문을 올린 '교명상(敎命床)'을 뜻하는 말일 수 있으나 확실하지 않다. 여기서는 '단출하고 빈약한 상'을 의미한다.

121 『남원고사』에는 바닥에 쏟은 술을 소매에 묻혀 뿌리는 것으로 나온다.

122 사람의 도리를 잘 차리지 못함.

금준미주는 천인혈이요 金樽美酒千人血
옥반가효는 만성고라 玉盤佳肴萬姓膏
촉루낙시 민루낙이요 燭淚落時民淚落
가성고처 원성고라 歌聲高處怨聲高

좌중이 받아 보고 서로 얼굴만 물끄러미 바라볼 제, 운봉이 글을 이윽이 본즉, 그 글 뜻이 '금술독의 좋은 술은 일천 사람의 피요, 옥쟁반의 맛난 안주는 만백성의 기름이라. 촛농 떨어질 때 백성 눈물 떨어지고, 노랫소리 높은 곳에 원망 소리 높다.'는 말이라.

"대저 사또의 잘못을 묻고 백성을 위하는 말이니, 가장 수상하다. 삼십육계 중에 줄행랑이 제일이라, 먼저 빠져 나가리라."

하고 본관더러 말했다.

"내가 내일 환곡을 시작하니 종일 함께 즐기지 못하고 먼저 가노라."

그러고는 운봉이 먼저 가더라.

어사 출도

이윽고 어사의 역졸들이 마패를 들고 삼문(三門, 좌우와 가운데 문, 곧 모든 문)을 두드리면서 '암행어사 출도'라 소리 지르니, 일읍이 진동하며 자중지란이 되어, 부러지느니 해금 저 피리요, 깨어지느니 장구 거문고 등물이라. 각읍 수령들이 서로 부딪치며 쥐 숨듯 달아날 제, 임실 현감은 갓을 옆으로 쓰며

"이 갓 구멍을 누가 막았느냐."

하며 발광 나서 달아나고, 전주 판관은 어지러운 중에 말을 거꾸로 타며 하인더러

"말 목이 어디로 갔느냐. 원래 없더냐. 아무튼 바삐 가자."

하고 여산 부사는 어찌나 겁이 났던지, 상투를 쥐구멍에 박고 하는 말이

"누가 날 찾거든 벌써 갔다 하여라."

하고 뒤죽박죽이 될 적에, 원님은 똥을 싸고 이방은 기절하고 삼반관속(三班官屬)[123]은 오줌 싸고, 내동헌(內東軒)에

---

123 지방의 장교(將校), 관노(官奴), 사령(使令)을 통틀어 이르는 말.

서 부인도 똥을 싼다 하니, 원님이 떨며 말했다.

"겁을 보고 너를 내랴마는, 이 똥에 우리는 똥으로 망한다."

한창 분주할 제, 어사가 남원 부사를 우선 봉고파출(封庫罷黜)[124]하고, 조정에 장계한 후에 동헌에 자리를 차리고, 전후 공사를 처결하고, 관속의 죄상은 분부를 기다리라 하고, 우선 죄수 춘향을 올리라 하니, 옥사쟁이가 춘향을 데리고 들어올 제, 춘향이 칼머리를 잡고 울며 말했다.

"우리 도련님더러 오늘 칼머리나 들어 달라 천만당부하였더니 굶주림을 못 이기어 어디 갔도다. 오늘은 필경 사생결단이 날 것이거늘, 우리 도련님은 어디로 가서 이 경상을 아니 보는고."

하며 방성대곡하더라.

나졸이 춘향을 올리니 형방 아전이 말했다.

"어사또 분부에 오늘부터 너로 하여금 수청 들게 하라 하시니 그대로 거행하라."

---

124 창고의 출납을 막고 또 파직하는 것. 현실적으로 파직 결정은 암행어사의 권한 밖이다. 소설임을 염두에 두고 보면 이도령은 먼저 처리하고 보고하라는 특명을 임금에게 받았을 수도 있다.

춘향이 여쭈었다.

"소녀가 전임사또 자제 도련님과 백년 결약하였기로 분부를 시행하지 못하겠습니다."

어사가 말했다.

"노류장화(路柳墻花)[125]는 사람들이 누구나 꺾을 수 있으니, 너 같은 천한 기생이 어찌 이도령을 믿고 수절하리오. 바삐 수청 들라."

춘향이 여쭈었다.

"아무리 천한 기생인들 이미 굳게 약속한 후에 어찌 한 입으로 두말을 하리오. 사또께서 소녀를 만 번 잘라 죽일지라도 마음을 바꾸지 못하리로소이다."

어사가 말했다.

"너같이 절개 굳으니 어찌 아름답지 않으리오."

주변 기생들에게 분부하여

"춘향이 쓴 칼을 이로 물어뜯어 벗기라."[126]

하니 누구 명령이라 거역하리오. 모든 기생이 달려들어

125 길가의 버드나무와 꽃, 곧 기생을 가리키는 말이다.

126 칼을 묶은 끈을 이로 물어뜯어 풀게 한 것이다. 『남원고사』에서는 이도령이 그전 기생들의 박대가 괘씸해서 그렇게 하도록 했다고 이유를 대고 있다.

물어뜯어 벗겨 내니 어사가 춘향더러 말했다.

"네 얼굴 들어 나를 보라."

춘향이 여쭈었다.

"보기도 싫고 말씀 대답하기도 어렵사오니, 바삐 죽여 소녀의 소원을 이루게 하소서."

어사가 이 말을 듣고 다시 가련히 여겨 말했다.

"아무리 싫어도 잠깐 눈을 들어 자세히 보라."

춘향이 그 말을 듣고 의아하여 눈을 들어 살펴본즉 의심 없는 이도령이라. 옳은지 그른지 따지지도 않고 뛰어 올라가며

"얼싸절싸 좋을시고, 이런 일이 고금에 또 있는가. 옛날 한신이 어린 시절 빨래하는 아낙에게 얻어먹으며 고생하다가 나중에 한나라 대장이 될 줄 누가 알았으며, 강태공도 팔십까지 곤궁하여 위수 가에 낚싯대를 드리우고 있다가 나중에 주나라 정승이 될 줄 누가 알았으랴. 서방님이 엊그제까지 걸인으로 다니다가 오늘 암행어사가 될 줄 그 누가 알며, 내 옥중에서 고생하다가 어사 서방 만나 세상 구경할 줄 누가 알쏘냐. 얼씨구 좋을싸, 어사 서방 좋을시고. 이것이 꿈인가 생시인가. 정말인가 거짓말인가. 즐겁기도 그지없네. 어사 서방 즐겁도다. 어제 걸인으로 와서 볼 제 오늘 수의어사 될 줄 나는 몰랐네."

하며 이리 춤추고 저리 춤추어 만 가지로 즐길새, 춘향어미 미음 그릇을 들고 오며 말했다.

"저리하면 네가 정절을 지켜 역사에 이름을 올리느냐. 애고애고 설움이야. 이런 설움이 또 있는가. 만고충신 굴원도 제 뜻을 펴지 못해 멱라수(汨羅水)에 빠져 죽고, 백이와 숙제도 두 임금 섬기지 않는 충절을 지키려다 수양산에서 굶어 죽었으니, 이를 본받아 열녀 되려고 하거든, 아황과 여영처럼 상강에 빠져 죽는 것이 그 아니 마땅한가."

울고 올 제, 관속 등이 춘향어미를 보고 치하했다.

"그런 희한히 기쁜 일이 어디 있으리오."

춘향어미가

"이 말이 어인 말인고."

하며 문틈으로 기웃이 디밀어 보다가 오리처럼[127] 뛰어나와 미음 그릇을 십 리까지 흩던지고 손뼉 치며

"얼싸 좋을시고, 하늘 밑에 이런 귀한 격이 또 있는가. 가슴대 승두선(僧頭扇)에 이궁전이 제격이요, 밀화 갓끈에 산호 격자가 제격이요, 노인 상투에 불 구슬(붉은 구슬)이 제

127 원문은 '오리만치'이다. 뒤와 대를 이룬다면 '오 리(五里) 만큼'으로 볼 수도 있다.

격이요, 터진 방앗공이(방아 찧는 몽둥이)에 보리알이 제격이요, 돌 틈에 탕관이 제격이요, 안질에 노랑 수건이 제격이요,[128] 기생 춘향에 어사 서방이 제격이요, 춘향어미 어사 사위 과분하다 과분하다, 그것이 참말인가 헛말인가, 어찌 즐겁지 않으리오."

하고 기쁨을 이기지 못해 궁둥춤을 추며 강동강동 뛰며

"강동의 벗님이 길너라비가 훨훨,[129] 얼싸 좋다, 지화자 좋을시고, 내 딸 춘향이를 두었다가 오늘 경사를 보니 기쁘기도 측량없고 반갑기도 그지없다. 저마다 딸을 두어 나같이 효도를 볼작시면 부중생남중생녀(不重生男重生女)[130]

---

128 '승두선 부채에는 이궁전 향을 다는 것이 어울리고, 밀화 갓끈에는 산호로 격자를 끼우는 것이 잘 맞고, 노인 상투에는 붉은 구슬 모양 동곳을 달면 보기 좋고, 방앗공이 갈라진 데는 보리알을 넣어 찧으면 적당하고, 돌 틈에는 약탕관을 세우면 좋고, 안질로 난 고름은 노랑 수건으로 닦아야 표가 덜 난다.'는 말이다.

129 경판 35장본과 『남원고사』에는 '강동에 범이 드니 길날아비가 훨훨'로 나와 있다. 유사한 말로 '질라라비 훨훨'이 있는데 이는 아이들에게 날갯짓을 시키며 하는 말이다. '질라라비'는 '잠자리'를 가리키기도 하니, '잠자리 날갯짓'을 가리킨다고 볼 수도 있다. 어디서 온 말인지는 분명하지 않다.

130 백거이의 「장한가」에 나오는 말로, 아들을 낳는 것보다 딸을 낳는 것이 더 귀하다는 뜻이다. 양귀비가 황제의

라 하는 말이 헛말이 아니로다."

하고 이리 놀며 저리 노는지라.

정절부인의 직첩

어사가 남원 예방(禮房)에게 분부하여 큰 잔치를 베풀어 춘향과 함께 즐기며, 어사가 공부하여 급제한 후 어사를 자원하여 내려온 말과, 춘향이 처음부터 끝까지 고생하던 일을 서로 이르며, 슬픔과 기쁨을 섞어 가며 종일 놀새, 허봉사를 불러들여 상급을 많이 주어 점이 맞은 일을 칭찬하고, 옥졸 불러 음식을 주어 그동안 수고함을 치하하고, 잔치를 끝낸 후에, 이튿날 어사가 미진한 공사를 다 처결하고, 이 연유로 임금께 세세히 일러바치니, 임금이 들으시고 크게 칭찬하사, 가라사대

"자고로 수절한 자가 많지만 천한 기생으로 쇠와 돌처럼 굳게 수절한 자는 희한한 일이니 어찌 아름답지 않으리오."

총첩이 되어 높은 권세를 얻었을 때 백성들이 한 말이다.

하시고 직첩을 내리오사 정절부인[131]을 봉하시고, 어사는 국사에 수고했노라 하시며 벼슬을 높이시니, 어사가 나라(임금)의 은혜에 감사하여 백배사은(百拜謝恩) 후에 춘향을 데리고 올라와 아들과 딸을 많이 낳으며 백년해로하니라.

대저 여염 부녀도 수절하기 매우 어렵거든, 하물며 창녀로서 정절을 지켜 필경 뜻을 이루니, 고금에 희한한 일이매, 대강 기록하여 이후 사람으로 충절의 행실을 본받게 하노니, 비록 남자라도 임금 섬기는 자는 반드시 두 마음을 두지 말지니라.

---

131 『남원고사』에는 "이조에 하교하사 정렬부인의 직첩"을 내렸다고 나와 있고 "남원집을 부인으로 승차"했다고도 했다. 정식 처로 옮긴 것을 분명히 한 것이다. 정절부인이든 정렬부인이든 이는 조선의 제도에 없는 직첩이다. 정경부인, 정부인, 숙부인 등이 있을 뿐인데, 없는 명칭을 썼다는 것은 『춘향전』이 소설임을 다시 환기시킨다. 물론 정절이든 정렬이든 직첩이 아니라 시호를 내린 것으로 이해할 수도 있다. 그렇다 하더라도 이는 기생에게는 거의 있을 수 없는 매우 특별한 일이다.

| 참고문헌 |

자료 총서

김진영 편, 1997-2004, 『춘향전전집』(전17권), 박이정.

설성경 편, 1998, 『춘향예술사자료총서』(전8권), 국학자료원.

역주·번역서

구자균 교주, 1970, 『춘향전』, 민중서관.

강한영 교주, 1971, 『신재효 판소리사설집(전)』, 민중서관.

김동욱 외, 1979, 『춘향전비교연구』, 삼영사.

판소리학회 주석, 1982, 『판소리 다섯 마당』, 한국브리태니커회사.

성현경 외, 1997, 『광한루기 역주 연구』, 박이정.

허호구·강재철 공역, 1998, 『춘향신설·현토한문춘향전』, 이회.

성현경 역, 2001, 『춘향전』, 열림원.

송성욱 역, 2004, 『춘향전』, 민음사.

정하영, 2006, 『춘향전』, 신구문화사.

김영봉 외 역, 2006, 「역주 광한루악부」, 『열상고전연구』 24, 열상고전연구회.

이윤석, 2009, 『남원고사 원전비평』, 보고사.

이윤석, 2016, 『완판본 춘향전 연구』, 보고사.

설성경 역주, 2016, 『춘향전: 남원고사』, 서울대학교출판문화원.

半井桃水, 박상득 역, 2004, 「자료 계림정화 춘향전」, 『고소설연구』 17, 한국고소설학회.

다카하시 도루, 이시준 역, 2016, 『(완역)조선이야기집과 속담』, 박문사(高橋亨, 1910, 『朝鮮の物語集 附俚諺』, 日韓書房을 번역한 것으로 다카하시 번역의 『춘향전』이 수록되어 있음).

현대소설 또는 희곡(개작)

이광수, 1962(원글 1929), 「일설춘향전」, 『이광수전집』 3, 삼중당.

유치진, 1959(원글 1936), 「춘향전」, 『한국문학전집』 32, 민중서관.

晴史(조풍연), 1955, 『나이론춘향전』, 진문사(『한국일보』 일요판 1954년 연재분 재수록).

이주홍, 1955, 『탈선춘향전』, 신구문화사.

안수길, 2011(원글 1958), 「이런 춘향」, 『중, 단편집 – 벼, 풍차, 망명시인 외』, 안수길전집 2, 글누림.

최인훈, 1976(원글 1967), 「춘향뎐」, 『우상의 집』, 최인훈전집 8, 문학과지성사.

임철우, 1991, 「옥중가」, 『물 그림자』, 고려원.

김주영, 1994, 『외설 춘향전』, 민음사.

연구서

김동욱, 1965(증보판 1976), 『춘향전 연구』, 연세대학교출판부.

장경학, 1970, 『법률 춘향전』, 을유문화사.

한국고소설학회 편, 1991, 『춘향전의 종합적 고찰』, 아세아문화사.

김병국 외 편, 1993, 『춘향전 어떻게 읽을 것인가』, 신영출판사.

설성경, 2000, 『춘향예술의 역사적 연구』, 연세대학교출판부.

설성경, 2001, 『춘향전의 비밀』, 서울대학교출판부.

백문임, 2001, 『춘향의 딸들, 한국 여성의 반쪽짜리 계보학』, 책세상.

한채화, 2002, 『개화기 이후의 춘향전 연구』, 푸른사상.

설성경 편, 2003, 『춘향전 연구의 과제와 방향』, 국학자료원.

정하영, 2003, 『춘향전의 탐구』, 집문당.

이창헌, 2004, 『경판방각소설 춘향전과 필사본 남원고사의 독자층에 대한 연구』, 보고사.

이문성, 2008, 『필사본 춘향전 연구』, 한국학술정보.

김석배, 2010, 『춘향전의 지평과 미학』, 박이정.

민병욱, 2011, 『춘향전 공연 텍스트와 공연 미학』, 역락.

윤덕진·임성래, 2016, 『노래로 엮은 춘향전, 남원고사의 서사화 방식』, 소명출판.

조희웅, 2017, 『한국 고전소설사 큰사전』(58 및 59), 지식을만드는지식.

오수창, 2020, 『춘향전, 역사학자의 토론과 해석』, 그물.

논문

권덕규, 1932, 「춘향전 모델」, 『신조선』 3(최철·설성경 엮음, 1984, 『설화·소설의 연구』, 정음사 재수록).

김태준, 1935. 1. 1-10, 「춘향전의 현대적 해석」, 『동아일보』(9회에 걸쳐 '특별 논문'으로 게재. 1939, 『증보 조선소설사』 전재).

송석하, 1936. 9, 「倡調劇 춘향전 소론」, 『극예술』 5(최철·설성경 엮음, 1984, 『설화·소설의 연구』, 정음사 재수록).

유치진, 1936. 9, 「춘향전 각색에 대하여」, 『극예술』 5(최철·설성경 엮음, 1984, 『설화·소설의 연구』, 정음사 재수록).

이명선, 1938. 7. 16-8. 5, 「춘향전과 이본 문제」, 『동아일보』(5회에 걸쳐 연재).

서두수, 1939, 「妄論 춘향가·춘향전」, 『문장』 1-3(최철·설성경 엮음, 1984, 『설화·소설의 연구』, 정음사 재수록).

조윤제, 1939 및 1940, 「춘향전 이본고」(1, 2), 『진단학보』 11 및 12, 진단학회.

민영규, 1994(원글 1942-1962), 「춘향전 오칙」, 『강화학 최후의 광경』, 우반.

최진원, 1978(원글 1965), 「춘향전의 합리성과 불합리성」, 『판소리의 이해』, 창작과비평사.

이상택, 2003(원글 1966), 「춘향전의 인물성격과 작품갈등」, 『한국고전소설의 이론』, 새문사.

김병국, 1995(원글 1974), 「희극적 구조로 본 춘향전」 및 「춘향전의 인물들」, 『한국고전문학의 비평적 이해』, 서울대학교출판부.

박희병, 2019(원글 1985), 「춘향전의 역사적 성격 분석」, 『한국고전소설 연구의 방법적 지평』, 알렙.

이지영, 2001, 「경판 춘향전의 개작방향에 대한 재론」, 『어문논집』 39-2, 어문학회.

류준경, 2003, 「한문본 춘향전의 작품세계와 문학사적 위상」, 서울대학교 박사학위논문.

전상욱, 2006, 「방각본 춘향전의 성립과 변모에 대한 연구」, 연세대학교박사학위논문.

김영민, 2007, 「정치사상 텍스트로서 춘향전」, 『한국정치학회보』 41-4, 한국정치학회.

류준경, 2007, 「춘향전의 눈물, 그 의미와 변화의 궤적」, 『국문학연구』 15, 국문학회.

최기숙, 2012, 「감성적 인간의 발견과 감정의 복합성, 순수성, 이념화-19세기 국문소설 남원고사의 사랑의 표상화 맥락」, 『고소설연구』 34, 한국고소설학회.

이지영, 2013, 「춘향전의 가치에 대한 비판적 검토」, 『고전문학연구』 44, 한국고전문학회.

전상욱, 2016, 「춘향전을 바라본 낯선 시선-초기 번역본을 중심으로」, 『한국어와문화』 20, 숙명여자대학교 한국어문화연구소.

노경희, 2017, 「경성제대 일본인 교수와 조선인 학생의 춘향전 읽기-아카데미아의 춘향전 근대적 연구의 시작」, 『고전문학연구』 52, 한국고전문학회.

정병설, 2021, 「경판 30장본 춘향전의 표준본적 성격」, 『판소리연구』 51, 판소리학회.